KLEINE SCHACHBÜCHEREI
Band 2

Manfred van Fondern

Tips für
Fortgeschrittene

Joachim Beyer Verlag – 96142 Hollfeld

5. Auflage 1994

ISBN 3-921202-21-3

© by Joachim Beyer Verlag, 96142 Hollfeld

Alle Rechte vorbehalten!

Druck: Druckhaus Beyer GmbH, Langgasse 25, Hollfeld

Vorwort:

Die Leser der „Kleinen Schachbücherei Bd. 1: Tips für Anfänger" wissen, daß dieser Band eine Fortsetzung darstellt.

Der 1. Band ist von allen, die sich erstmals „theoretisch" mit dem Schachspiel befaßten, begeistert aufgenommen worden.

Es ging mir darum, den Anfänger nicht gleich durch die Fülle des Materials und mit vielen Belehrungen, wie sie die meisten Anfängerbücher enthalten, die Lust am Spiel zu nehmen.

Da Sie sich, lieber Leser, auch zum Studium dieses Buches entschlossen haben, kann ich nicht umhin, Sie schon als „gewonnenen Schachfan" anzusprechen.

Dieser 2. Band sei aber auch unabhängig vom 1. Band für alle „Fortgeschrittenen" als Lektüre empfohlen.

Ich lade Sie ein mit mir die Kreis-, Bezirks- und höheren Klassen zu durchschreiten, bis Sie mit Hilfe Ihrer Begabung und Ihres Eifers „Ihren" Platz in der Schacharena gefunden haben.

Viel Spaß.

An Hand der Partien werden wir uns mit einigen Eröffnungen intensiv beschäftigen, die interessante Varianten für Weiß und Schwarz bieten. Aber auch mit Strategie und Taktik im Mittelspiel und der Behandlung des Endspiels wollen wir uns innerhalb der Partien auseinandersetzen.

Das spielerische Element soll nicht von theoretischen Belehrungen verdrängt werden.

Und nun in medias res.

I. Variantenkomplex

Diese Partie spielte ich mit weißen Steinen in einem
Verbandsturnier für Jugendliche.
Die Leser von Band 1 kennen den 1. Zug (meinen
Lieblingszug).

Partie 1

1. d2 – d4　　　　　　d7 – d5
2. c2 – c4

Wenn ein Spieler mehrere Jahre Spielpraxis hat,
neigt er dazu, oft die gleichen Anfangszüge zu ma-
chen. Man möchte begangene Pfade noch einmal
gehen und gemachte Fehler revidieren. Ich würde
jedem Partiespieler empfehlen, die gespielten Par-
tien zu sammeln und mit einem stärkeren Partner
nachzuspielen oder in Eröffnungswerken nachzu-
schlagen, was falsch gemacht wurde. Allein das Aus-
wendiglernen von Varianten macht aus Ihnen keinen
starken Turnierspieler, erst die Spielpraxis hilft Ihnen
weiter. Man muß in jedem Eröffnungssystem die star-
ken Felder der einzelnen Figuren kennenlernen und
den Angriffsplan vor Augen haben.

Die schwarzen Möglichkeiten nach c4 sind bereits
sehr vielfältig. Ein geübter Spieler denkt nicht in
Einzelzügen, sondern überlegt jetzt schon sein Ver-
teidigungskonzept.
Die beiden großen Gruppen gliedern sich in das so-
genannte „Angenommene" (d5 x c4) und in das „Ab-
gelehnte (alles außer d5 x c4, z. B. e7 – e6 oder
c7 – c6) Damengambit."
Wir werden den Schwerpunkt unserer Betrachtungen
auf die weißen Figuren legen und die schwarzen
Antwortmöglichkeiten analysieren.

Mein Gegner wählte das Angenommene Damengambit.

2. ...   d5 x c4

Die Annahme des Gambits hat keinen Nachteil für Schwarz. Anfänger neigen sehr oft dazu den Gambitbauern zu verteidigen und kommen bald in Nachteil.

3. Sg1 — f3

Das ist meine Hauptvariante. Nach e2 — e3 zum Beispiel, hätte Schwarz vorteilhaft mit dem Befreiungszug e7 — e5 antworten können. (3. ... e5! a.) 4. Lc4: ed4: 5. ed4: Ld6! 6. Sf3 Sf6 7. 0 — 0 0 — 0 = b.) 4. de5: Dd1: + 5. Kd1: Sc6 6. Sf3 Le6 7. Sbd2 0 — 0 — 0 8. Kc2 Sb4 + 9. Kc3 Sd3 ∓)

3. ...   Sg8 — f6

Der erfolglose Versuch, den Gambitbauern zu behalten, sähe so aus: 3. — c6 4. e3 b5 5. a4 Db6 6. ab5: cb5: 7. b3! cb3: 8. Db3: b4 (a6? Lb5: +) 9. Dd5! Lb7 10. Lb5 + Lc6 11. Se5 Db5: 12. Df7 + ±
Der 3. Zug von Schwarz läßt erkennen, daß unser Gegner mit „System" spielt, also aufgepaßt. Der Zug verhindert e4.

4. e2 — e3

Der einfachste Weg. Über 4. Sb1 — c3 unterhalten wir uns in Partie Nr. 3.

4. ...   e7 — e6

Schwarz entwickelt seinen Königsflügel. Natürlich hat er auch andere Möglichkeiten, mit denen wir rechnen müssen. Was machen wir auf 4. ... Lg4? Wir wissen ja schon, daß Schwarz oft viel Ärger mit seinem Lc8 hat.

Wir haben in Bd. 1 schon aufgezeigt, wie man bei genauem Spiel die Schwierigkeiten beseitigt. Hier geht es Schwarz um schnelle Figurenentwicklung, mit dem Risiko, den Bauern zu verlieren. Schwarz muß jedenfalls die folgenden Züge kennen, sonst ist dieses Abspiel nicht empfehlenswert. Wieder in Kurznotation die weißen Entgegnungen. Wir müssen ja die „Schattenseite" von Lg4 kennen und auszunutzen verstehen. Gewaltsame Figurenentwicklungen haben ihren Vorteil, wenn der Gegner nicht im Stande ist, sie zu widerlegen. Also: 4.... Lg4 a) 5. Lc4: e6 6. Db3 Lf3: 7. gf3: Sbd7! 8. Db7: c5 9. 0–0 cd: 10. Td1 Lc5 etwa = b) 5. h3 Lh5 6. g4!? Lg6 7. Se5 Sbd7 8. Sg6: hg6: 9. Lg2 c6 10. Sd2 Sb6 11. Dc2 e6 12. Sc4: Lb4 + 13. Sd2 vielleicht ±

Ist es nicht unglaublich, was man alles spielen kann? Aber diese Beispiele sind meist von „großer Hand" gespielt. Bei uns geht es doch noch „friedlicher" zu.

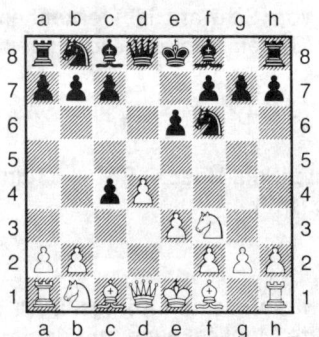

5. Lf1 x c4   **c7 — c5**

Schwarz erwidert folgerichtig und stark. Er nimmt Einfluß auf das Zentrum.

6. 0 — 0   **c5 x d4**

Diese Variante zielt daraufhin, Weiß einen isolierten Zentrumsbauern zu verschaffen, der als Angriffsobjekt dient.

Wilhelm Steinitz (Weltmeister 1886—1894) war noch der Ansicht, daß Schwarz die besseren Chancen besäße. In vielen späteren Partien hat sich jedoch gezeigt, daß Weiß aktiveres Figurenspiel erhält. Immerhin bekommt er nach ed: die e-Linie geöffnet, und der Lc1 greift ins Kampfgeschehen ein. Der Springer f3 besetzt später e5. Bei solchen Stellungsbeurteilungen darf man nicht vergessen, daß sich Vor- und Nachteil solcher Bauernstellungen im Endspiel grundlegend ändern können.

Kann Schwarz belspielsweise das Mittelspiel „heil" überstehen, wird der weiße d4-Bauer im Endspiel tatsächlich schwach und kann oftmals leicht erobert werden. Das muß Weiß genau wissen. Er darf also nicht nach Verflachung und Figurentausch im Endspiel sein Heil suchen.

Wir müßten auf folgende schwarze Begegnung im 6. Zuge gefaßt sein: 6.... a6

Was ist der Unterschied? Schwarz bereitet b5 vor, um nach Entwicklung des Lc8 am Damenflügel aktiv zu werden. Und in der Tat finden wir in heutigen Partien eher diesen Aufbau. Bevor wir also unsere Partie weiter verfolgen, müssen wir uns dieses wichtige Abspiel noch ansehen. Wir hätten uns dann für De2 entschieden, obwohl — wie immer — auch andere Züge möglich sind (Lb3, Sc3, a4, e4), die aber für uns schwierige Varianten darstellen.

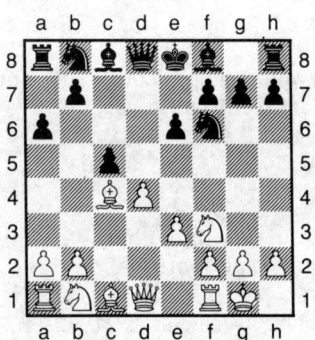

Nach 6. — a6

7. De2 (Der Plan: Td1 und e4) b5 8. Lb3 (hier steht der Läufer besser als auf d3) 8. ... cd4: 9. ed4: Le7 10. a4 ba4: 11. Ta4: Lb7 12. Sbd2 0 – 0 13. Sc3 Lc6 14. Ta1 Db6 15. Sa5 Lb5 =. 8. ... Lb7 9. a4 (Auch Td1 wird gespielt, mit der Absicht Sc3 und e4. Mit dem Textzug schwächt Weiß den gegnerischen Damenflügel) 9. ... Sbd7 (9. ... c4? 10. Lc2 Sc6 11. ab: 12. Ta8: Da8: 13. Sc3 Da5 14. e4 Sd7 15. d5 Sd8 16. Sd4 ±) 10. ab: ab: 11. Ta8: Da8: 12. Sc3 b4 13. Sb5 Da5! 14. e4 Le7 (14. ... Se4:? 15. Sg5 Sg5: 16. Lg5: mit der Drohung Le6:) 15. d5 ed5: 16. Ld5: Sd5: 17. ed5: 0 – 0 18. De7: Db5 19. Td1 Sf6 = Nach dieser Einblende wollen wir uns wieder unserer Partie widmen.

8

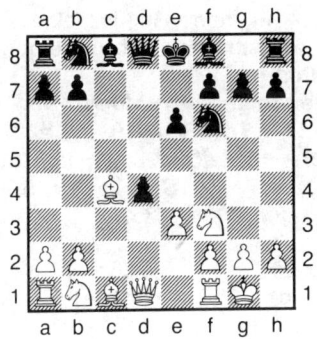

7. e3 x d4

Sd4: würde mit a6 beantwortet und Schwarz hat gute Chancen.

7. ...   Sb8 – c6

Schwarz greift sofort meinen weißen Mittelbauern an.

8. Sb1 – c3   Lf8 – e7
9. Dd1 – e2   Sc6 x d4

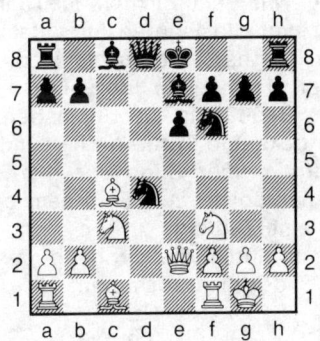

Hier hatte ich meinem Gegner eine Falle gestellt. Ich gab den Mittelbauern auf, um einen starken Angriff zu erhalten.
Richtig ist die ruhige Entwicklung.
9. ... 0–0 10. Td1 Sb4 (10. ... a6? 11. d5! ed: 12. Sd5: Sd5: 13. Ld5: ±) 11. Lg5 Sd5 12. Tac1 Sc3: 13. bc: Ld7 14. Se5 Tac8 15. Df3 ± (Aljechin — Hönlinger, Wien 1936)

| 10. Sf3 x d4 | Dd8 x d4 |
| 11. Tf1 – d1 | Dd4 – b6 |

Auf Dg4 droht Lb5 +

12. Lc1 – e3

Die schwarze Dame wird gejagt. Schwarz hat in dieser Stellung an der fehlenden Rochade zu leiden.

12. ...	Db6 – c7
13. Sc3 – b5	Dc7 – b8
14. g2 – g3	

Jetzt droht Lf4 mit Damenverlust. Es ist für Schwarz schwer noch eine gute Verteidigung zu finden. Dieses Beispiel zeigt, wie gefährlich ein falscher Bauernraub sein kann, bevor die Figuren ihre Stellung bezogen haben. Mein Gegner verbrauchte in dieser Stellung einen großen Teil seiner Zeit. Der Turnierspieler weiß, welche Bedeutung die Uhr haben kann. Spielt man eine unbekannte Partie nach, wundert man sich sehr oft gerade über Züge vor der Zeitnotphase. Deshalb dienen solche Angaben dem besseren Verständnis für eine Zugfolge.
Schwarz kann durch die Drohung des Damenverlustes immer noch nicht rochieren.

| 14. ... | e6 – e5 |

Auf Ld7 folgt ebenfalls Lf4 mit Qualitätsverlust.

15. Ta1 — c1

Der Qualitätsverlust ist nicht mehr zu verhindern. Dame und Turm können sich nicht mehr befreien.

15. ...   0 — 0?

Aber was sonst?

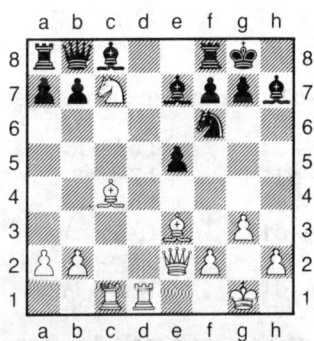

16. Sb5 — c7!   Lc8 — h3

(16. ... e4 (droht Lg4) 17. f3 ef: 18. Df2) Natürlich geht Dc7: nicht, wegen Lf7: +

17. Sc7 x a8   Db8 x a8

Jetzt droht b7 — b5 mit Matt.

18. f2 — f3

Damit scheint Weiß Herr der Lage zu sein.

18. ...   e5 — e4!

Schwarz gelingt es trotz Zeitnot noch wirkungsvolles Gegenspiel aufzubieten.

19. Lc4 — d5

Weiß glaubt es sich leisten zu können, das Läuferpaar aufzugeben, da er die Qualität besitzt.

19. ...	Sf6 x d5
20. Td1 x d5	e4 x f3
21. De2 x f3	b7 — b6!
22. Kg1 — f2	Lh3 — g4!
23. Df3 — g2	Lg4 — h3!

Diese Züge sollen Zeitgewinn einbringen.

24. Dg2 — h1	Le7 — f6
25. b2 — b3	h7 — h6
26. Tc1 — c7	Lh3 — e6
27. Td5 — d1	Da8 x h1
28. Td1 x h1	Tf8 — a8
29. Th1 — d1	Kg8 — f8

Schwarz ist es gelungen, sein Läuferpaar wirkungsvoll aufzustellen. Die weißen Türme wirken hilflos.

30. Le3 — f4

Ein neuer Versuch, die Türme abzutauschen und den Materialvorteil wieder zum Tragen zu bringen.

30. ...	Kf8 — e8?

Richtig war 30. ... g7 — g5

31. Tc7 — b7	g7 — g5
32. Tb7 — b8 +	Ta8 x b8
33. Lf4 x b8	a7 — a6
34. Lb8 — c7	b6 — b5

34. Td6 Ld8!)

35. Td1 — d6   Lf6 — e5??

Der entscheidende Fehler, obwohl ich keine Verteidigung mehr sehe.

36. Tc6 x e6 +

und Schwarz gab auf.

Partie 2

Zu dieser Eröffnung fällt mir noch eine kleine Partie ein, die ich vor einigen Jahren gesehen habe.

1. d2 — d4	d7 — d5
2. c2 — c4	d5 x c4
3. Sg1 — f3	Sg8 — f6

Soweit haben wir in der vorangegangenen Partie auch gespielt. Im 4. Zug setzten wir mit dem ruhigen positionellen e2 — e3 fort. Möglich ist aber auch der folgende Zug

4. Dd1 — a4 +

Weiß möchte sich mit diesem Damenausfall den Bauern sofort zurückholen.
1934 spielte erstmals (?) Bogoljubow diesen Zug gegen Weltmeister Aljechin in Mannheim. Deshalb sprechen die Theoretiker von der Mannheimer Variante.

4. . . .   Sb8 — d7

Dieser Zug bringt Weiß in Vorteil.
Bessere Antworten hat Schwarz in 4. . . . . c6 oder Sc6.

13

5. e2 – e3

Üblich ist hier Sc3 mit folgendem e4.

5. ...   g7 – g6

Schwarz will hier durch Zugumstellung die Grünfeld-Indische Verteidigung erreichen. Besser wäre nach 5. e3 wohl e6 gewesen.

6. Lf1 x c4   Lf8 – g7?

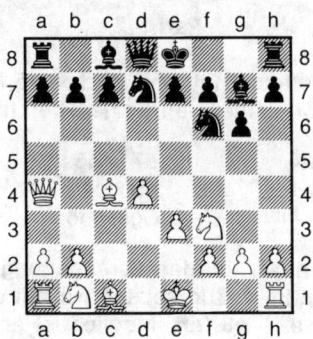

7. Lc4 x f7 +

Nun dürfte Schwarz aufgewacht sein!
Er hat den kleinen Unterschied zwischen 5. e3 und Sc3 nicht beachtet. Nach 5. Sc3 kann c6 6. g6 und 7. Lg7 folgen.

7. ...   Ke8 x f7
8. Sf3 – g5 +   Kf7 – e8

(8. ... Kg8   9. Db3 +)

**9. Sg5 – e6   wegen Damenverlust
                        aufgegeben.**

14

Wir wollen noch etwas bei dieser Eröffnung verweilen und eine Verteidigung als Schwarzer gegen die Abweichung im 4. Zuge von Weiß ansehen.

Partie 3

Die ersten drei Züge kennen wir: 1. d4 d5 2. c4 dc: 3. Sf3 Sf6

4. Sb1 — c3

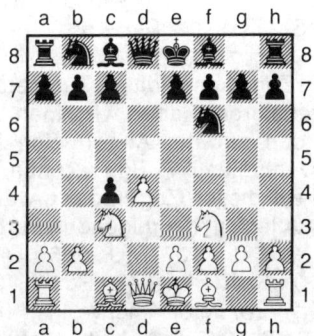

Auch dieser Zug ist beliebt. Weiß möchte mit e3 keine Zeit verlieren und gleich e4 durchdrücken. Er geht aber das Risiko ein, daß Schwarz seinen Gambitbauern verteidigt und am Damenflügel aktiv wird. Wir haben jetzt zwei grundsätzliche Möglichkeiten. Mit 4. ... c6 und anschließendem Lf5 könnten wir in die Slawische Verteidigung einlenken, die wir schon in Bd. 1 kennengelernt haben. Uns interessiert hier aber die Verteidigung des Gambitbauern.

4. ... a7 — a6
5. e2 — e4

Natürlich hätte Weiß auch jetzt noch auf Rückerobe-
rung des Bauern mit a2 — a4 spielen können. Aber
das hätte er ja, wie wir vorher gesehen haben, ein-
facher haben können. e4 gehört heute durchaus zum
„normalen" Abspiel. Als Bogoljubow 1934 in seinem
Weltmeisterschaftskampf gegen Aljechin diesen Zug
ausführte, sagte der Weltmeister: „Ein Abenteuer,
das nur derjenige unternehmen kann, der nichts zu
verlieren hat." Wir sehen, daß die theoretischen
Kenntnisse durch die Praxis stets verbessert und
korrigiert werden.

| 5. ... | b7 — b5 |
| 6. e4 — e5 | Sf6 — d5 |

Der nächste Zug kann das „Temperament" von
Weiß charakterisieren. Haben wir einen Draufgänger
vor uns, für den nur der Angriff eine Rolle spielt,
müssen wir eventuell mit 7. Sg5 rechnen.
Zuerst sahen wir diesen Zug in der erwähnten Partie
Bogoljubow — Aljechin, die folgenden Fortgang nahm:
7. ... e6 8. Df3 Dd7 9. Sd5: ed: 10. a3
(gegen Lb4 +) Sc6 11. Le3 Sd8 12. Le2 Df5!
13. Dg3 (Dd5:? Lb7 mit Damenverlust) h6 14. Sh3
c6 15. f4 Dc2! 16. Df2 La3:! (Ta3: Db2: 18.
Ta5 Db4 + 19. Ld2 c3) Doch machte man sich
auch in diesem Abspiel Gedanken, ob der weiße
Angriff nicht zu verstärken sei. Man glaubt, daß 8.
Dh5 (statt Df3) Le7 9. Le2 doch Angriffschancen
bietet, da Weiß mit e5 das schwarze Spiel erheblich
eingeengt hat, das Feld e4 beherrscht.
Wenn Schwarz 7. Sg5 unterschätzt und zieht 7. ...
h6? kann es ihm so ergehen: 8. Sf7:! Kf7: 9. Df3 +
Ke6 10. g3! Sf6 (Es drohte Lh3 Matt) 11. Da8:
Ld7 12. Lh3 + Kf7 13. Ld7: Sfd7: 14. Df3 +
Kg8 15. Dd5 + e6 16. De6: + Kh7 17. 0 — 0
Tg8 18. a4 b4 19. Se4 Sb6 20. Lh6: + Dd4:

16

21. Sg5 Kh8   22. Dg6 Dd3   23. Sf7 matt. Wenn das nicht zum Nachahmen reizt!

Auf 7. Sg5 ist auch Lc8 − f5 ein schwerwiegender Fehler. 8. Sf7:! Man soll es nicht glauben, daß auch hier das Opfer Erfolg hat.

8. ... Kf7:   9. Df3 e6   10. g4 Lb4 (g6? 11. g7: gf: mit Mattangriff) 11. gf: Tf8   12. Tg1! ef: 13. Dh5 + (Df5: Kg8) Kg8   14. Lh6 Tf7 (g6 15. Tg6: +)   15. e6 Te7   16. Lg7:! Te6:+ (Tg7: 17. Df7 +)   17. Le5 + Kf8   18. Dh7: Ke8   19. Tg8 + Lf8   20. Sd5: Dd5:   21. Lg2 Dd4:   22. Tf8: + Kf8:   23. Df5: + Ke7   24. De6: + und Weiß gewann (Hottes − Bialas, Deutsche Meisterschaft 1961) Wieder eine sehr schöne Angriffspartie. Gerechterweise muß man auch sehen, daß Schwarz auf Sg5 besser Sc3: spielen kann.

Doch nun wollen wir auf dem Diagramm zeigen, wie Partie Nr. 3 steht.

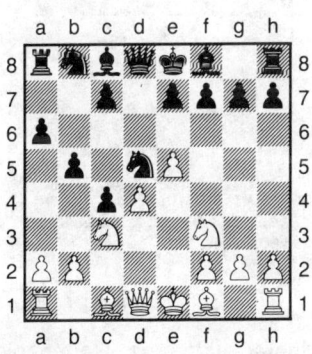

7. a2 − a4

Mit diesem Zug jedoch kann der Schwarze in der Regel rechnen.

7. ...   Sd5 x c3

(7. ... Lb7 e6! 7. ... b4 Se4)

8. b2 x c3   Lc8 — b7

Bei diesem Zug scheiden sich die „Geister" (die Theoretiker). Solider erscheint 8. ... Dd5 9. g3 Le6 (9. ... Lb7 10. Lg2 Dd7 11. La3 e6 12. Lf8: Kf8: 13. 0 — 0 ± (Bronstein — Kortschnoi 1964) oder 10. ... Db7 11. 0 — 0 Ld5 12. La3 e6 13. Lf8: Kf8: 14. Sh4 Lg2: 15. Sg2: Sd7 16. Se3 g6 17. f4 Sb6 18. Db1 Sd5 19. Sd5: Dd5: 20. ab5: Tb8 21. f5 = Ivkow — Dr. Filip 1965) Es ging bei dieser Abwicklung um die Ausschaltung von 9. e5 — e6
Wir waren bei

8. ...   Lc8 — b7

Dieser Zug bietet aktiveres Gegenspiel, erfordert aber genaue Kenntnis nach

9. e5 — e6

Es geht Weiß darum, unsere Entwicklung am Königs-flügel zu erschweren.

9. ...   f7 x e6

Wir müssen das Bauernopfer annehmen.
Nach f6 folgt 10. g3 Dd5 11. Lg2 De6: + 12.
Le3 c6 13. 0 – 0 Dc8 14. Te1 mit besseren
weißen Möglichkeiten (Bronstein – Byrne 1952)

10. Lf1 – e2

Sofortiges 10. Sg5 ergibt Zugumstellung.

10. ...   Dd8 – d5
11. Sf3 – g5

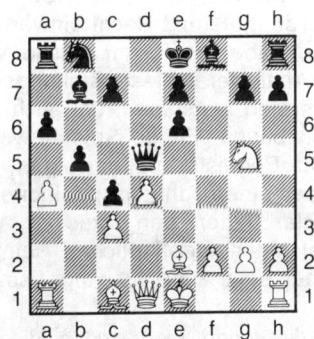

Das ist die kritische Stellung. Früher spielte man 11.
Lf4 Sd7 12. Lc7: g6 13. 0 – 0 Lg7 14. Te1
e5! 15. Le5: Se5: 16. de: 0 – 0 17. Dd5: +
Ld5: 18. Sd4 Tf4 19. ab: ab: 20. Ta8: + La8:
21. Lf1 Ld5 22. Sb5: Tf5 23. Td1 e6 24. Sd6
Te5: 25. Sc4: Lc4: 26. Lc4: Te4 (trotz des
Minusbauern =)

11. ...   Dd5 x g2
12. Th1 – f1   Lb7 – d5

Wir dürfen nicht 12. . . . Dh2: spielen. 13. Se6: Dd6
14. d5! mit starkem Angriff.

13. a4 x b5

Wir müssen auch auf folgende Züge eine Antwort
wissen: 13. Lf4 entgegnen wir mit b4. Es kann folgen
14. Lg4 h6   15. Lh3 mit Gefangennahme der Dame.
Hier ist eine Partie Polugajewski – Szabo 1965 be-
kannt, die mit Dg5: fortgesetzt wurde, in der Schwarz
durch das Damenopfer für 2 Figuren ein starkes
Gegenspiel erhielt. Folgt auf b4   14. cb: so setzen
wir mit Sc6   15. Tb1 e5!   16. de: e6 fort. Viele
von Ihnen werden jetzt mit Recht einwerfen, daß man
starke Nerven haben muß, um solche Varianten zu
spielen. Beim Analysieren dieser Stellungen in Übungs-
gruppen kann man feststellen, daß sich sehr schnell
zwei Gruppen bilden. Einige Spieler werden solche
Zugfolgen. mit Begeisterung verfolgen; andere be-
vorzugen lieber einen ruhigen, positionellen Aufbau.
Jüngere Spieler lieben den forschen Angriff, auch
wenn sie mal einen empfindlichen Reinfall erleben.
Man kann. aber sein Auge für Angriffsmöglichkeiten
schärfen.

Eine Partie, die lange als Vorlage diente (Borisen-
ko – Stein 1964), befaßte sich auch mit 13. Lf4. Stein
antwortete 13. . . . g6   14. Lg4 h6   15. Lh3. Auch
hier ist die Dame gefangen. 15. . . . Df1:+   16.
Lf1: hg5:   17. Lc7:? (Weiß hätte die Partie ge-
winnen können mit 17. Le5! Th4   18. ab: ab: 19.
Ta8: La8:   20. Db1 und nun droht Weiß so ziem-
lich alles: Dg6: +; Db5: + ; Lc4:) 17. . . . b4! 18.
cb4: Th4   19. b5 Lg7   20. Le5 Le5:   21. de5:
Sd7   22. ba6: Te4+   23. Le2 Se5:   24. Ta3
Sc6   25. Te3 Td4   26. Db1 Ta6:   27. Dg6: +
Kd7   28. Ld1 Tb6   29. f3 Tb2   30. Te2? (mit
Zeitnot; Le2 Tdd2) 30. . . . Td1: +   31. Kd1:

Lf3: 32. De6: + Kc7 33. Kc1 Te2: 34. Dc4:
Th2: 35. a5 Th4 36. Dc5 e5 37. Db6 + Kd6
und Weiß überschreitet die Zeit.

Hier können wir sehen, wie ohnmächtig die Dame
gegen ein gutes Zusammenspiel verschiedener Fi-
guren sein kann. Der Leser, der absolute Ergebnisse
geliefert haben möchte, wird sagen, daß Weiß bei
den bisherigen Beispielen doch immer besser stand
(bei fehlerlosem Spiel). Aber gerade am letzten Bei-
spiel sehen wir, wie leicht Weiß (17. Lc7:?) straucheln
kann. Es ist klar, daß sich in der Analyse immer
wieder (und zwar für Weiß eher) Verbesserungen
finden lassen. Aber verschiedene Varianten muß ich
unter dem Gesichtspunkt spielen und auswählen, daß
der Gegner nicht alles auswendig weiß oder am Brett
jeweils den präzisesten Zug finden kann. Deshalb
immer die Frage: Will ich gewinnen oder bin ich mit
Remis zufrieden? Je mehr Risiko, desto mehr Chan-
cen.

Gerade mit Schwarz, da ich den Anzug von Weiß
wettzumachen habe, muß ich, wenn ich unbedingt
einen vollen Punkt erzielen will, durch schärferes,
risikoreiches Spiel meine Chancen suchen. Und ich
meine, unter diesem Gesichtspunkt, können wir auch
diese Abspiele dazu zählen.

Auch 13. Lg4 ist unter-
sucht worden, doch ist mir
aus der Praxis noch nichts
bekannt.

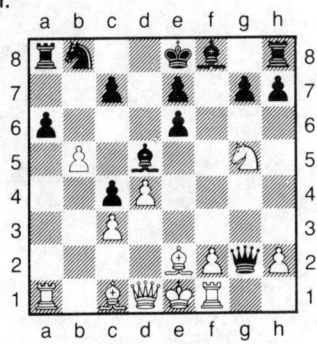

Nach 13. ab:

| 13. ... | a6 x b5 |

Andere Antworten ergaben auch keine Verstärkung.

| 14. Ta1 x a8 | Ld5 x a8 |
| 15. Lc1 – f4 | |

Auch in dieser Stellung herrschen meines Erachtens noch Unklarheiten. Auch 15. Se6: ist möglich.
15. Lg4 geschah in Dresden 1970 Knaak – Bönsch, mit der Fortsetzung 15. ... e5 (Dh2:? 16. Le6: Lg2 17. Dg4 Lf1: 18. Lf7 + Kd8 19. Se6 + nebst Matt). 16. Le6 Ld5! 17. Lh3! Dh2: 18. Dh5 +! Kd8 (18. ... g6 19. Ld7 +) 19. Dg4 e6 20. Sf7 + Ke8 21. Se5:! h5 22. Dg6 + Kd8 23. Lg5 + Kc8 24. De8 + Kb7 25. Db5: + Kc8 26. De8 + Kb7 27. Ke2 Sc6 28. Sc6: Lf3 + 29. Kd2 Lb4 30. Sd8 + Kb8 31. Db5 + Es ist schon nicht schön, wie man mit Seiner Majestät umgeht.

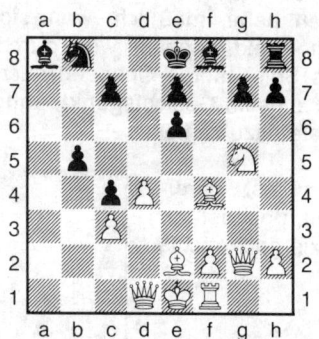

15. ...	g7 – g6
16. Sg5 x e6	Sb8 – a6
17. Dd1 – a1	La8 – b7
18. Da1 – a5	Dg2 – c6

19. d4 — d5	Dc6 — d7
20. Lf4 — e5	Th8 — g8
21. f2 — f4	

Und Weiß hat ein besseres Mittelspiel erreicht. Die schwarzen Figuren sind eingeengt und erwarten den Weißen Angriff (Bronstein — Ljawdanski 1965).

Abschließend möchte ich zu diesem von uns gebotenen Variantenkomplex sagen, daß er keine Vollständigkeit in Anspruch nehmen wird. Die Eröffnungstheorie ist ständigem Wandel unterworfen. Die heutigen „Dogmen" werden vielleicht morgen schon wieder in der Praxis widerlegt.

Und das ist gut so!

II. Variantenkomplex

Innerhalb der geschlossenen Abspiele (1. d4) wollen wir uns einem anderen Variantenkomplex zuwenden. In der folgenden Aufstellung überläßt Schwarz seinem Gegner vorerst das Zentrum, das er dann durch Figuren angreift und mit c7 — c5 aufrollen möchte. Die Verteidigung wurde 1922 von Grünfeld im Turnier gespielt und systematisch untersucht und ausgearbeitet. In den letzten Jahren war sie eine große Waffe von Bobby Fischer, der aber auch — so zweimal von Spassky — empfindliche Niederlagen einstecken mußte.

Ich bin selber ein großer Anhänger dieser Verteidigung. Die folgende Partie spielte ich auf einer Simultanveranstaltung mit Schwarz gegen Großmeister Pachman.

Partie 4

1.	d2 – d4	Sg8 – f6
2.	c2 – c4	g7 – g6

Die ersten beiden Züge verraten noch nicht, was Schwarz spielen will, denn auch die Königsindische Verteidigung beginnt so.

3.	Sb1 – c3	d7 – d5

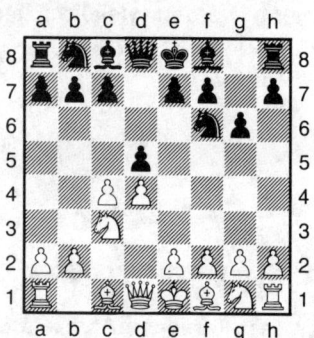

Durch den 3. Zug von Schwarz erhält die Variante ihren Namen. (3. ... Lg7 Königsindisch). Hiermit läßt Schwarz zunächst den Zug e4 nicht zu. Erst wenn Weiß – wie in der Partie – den Abtausch wählt, wird das Zentrum besetzt.

4.	c4 x d5	Sf6 x d5
5.	e2 – e4	Sd5 x c3

Alle anderen Antworten sind unzulänglich (z. B. Sb6), weil der eigene Damenflügel versperrt wird. Weiß hat im 4. Zug auch andere Eröffnungsmöglichkeiten wie Sf3, Lg5, Db3, g3, Lf4.

24

6. b2 x c3	c7 — c5

Oft geschieht hier auch zuerst Lg7. Doch bedeutet dies meistens nur Zugumstellung.

7. Lf1 — c4

Dies ist besser als Lb5 + z. B. Ld7 (oder 7. ... Sc6 8. d5? Da5! 9. Da4 Dc3: + 10. Ke2 Ld7 11. dc: bc: 12. Lc6: Td8 13. Tb1 Dd3 +! ∓) 8. Ld7: + Dd7: 9. Sf3 Lg7 10. 0 — 0 cd: 11. cd: Sc6 12. Le3 0 — 0 = (Kashdan — Aljechin 1932).

7. ...	Lf8 — g7
8. Sg1 — e2	

Normalerweise steht der Springer auf f3 aktiver, aber hier wird die Fesselung Lg4 vermieden. Der Springer muß die Punkte c3 und d4 überdecken.

8. ...	0 — 0
9. 0 — 0	Sb8 — c6

Hier steht der Springer viel aktiver als auf d7.

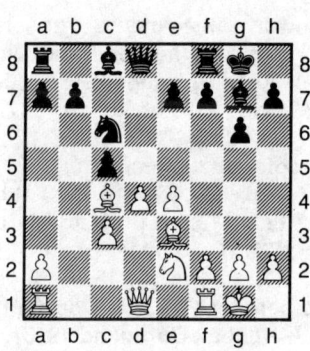

10. Lc1 – e3   **c5 x d4**

Eine andere Fortsetzung, die häufig vorkommt, ist 10. ... Dc7 11. Tc1 Td8 12. Dd2 Da5 13. Tfd1! b6 14. Lh6 La6 15. La6: Da6: 16. Lg7: Kg7: 17. d5 Das weiße Bauernzentrum kommt zum Tragen und bringt strategischen Vorteil. (Gligoric – Weinstein 1974) oder 12. h3 e6 13. f4 Sa5 14. Ld3 f5 15. De1 b6 16. g4 Lb7 17. Sg3 Dd7 18. gf: cd: 19. fe: De6: 20. f5 (Spassky – Stein 1971)

11. c3 x d4   **Sc6 – a5**

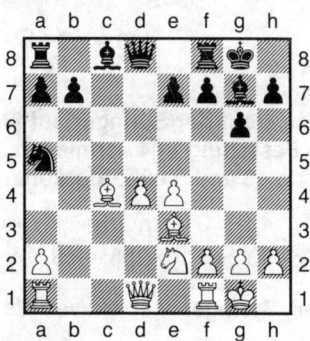

Oft wählt Schwarz eine andere Fortsetzung: 11. ... Lg4 12. f3 Sa5. Hier hat Weiß die Qual der Wahl.
a) ein Qualitätsopfer zu bringen: 13. Ld3 Le6 14. d5 La1: 15. Da1: f6 16. Lh6 Te8 17. Kh1 Tac8! (Furman – Suetin 1954)
b) ein Bauernopfer anzubieten:
14. Tc1 La2: 15. d5 e6 16. Da4 Lb3 17. Db4 ed: 18. Tc5 Lc4 19. Lc4: Sc4: 20. Td5: Dd5:!! 21. ed: Se3: 22. Tc1 Sd5: = oder 15. Da4! Le6 16. d5 Ld7 17. Db4 e6 18. Sc3! b6 19. La6 Df6! Schwarz bereitet 20. ... Tfd8 und 21. ... Lf8 vor (Spassky – Dueball Dortmund 1973)

c) Aufgabe des Läuferpaars

z. B. 13. Tc1 Sc4: 14. Tc4: Ld7 15. Db3 Da5 16. Sc3 b6 17. Tfc1 e6 18. Tc7 Tfd8 19. Kf2 Tac8 20. Se2 Tc7: 21. Tc7: h6 =

Mit 11. ... Sa5 vermeidet man den gesamten Variantenkomplex.

12. Ta1 — c1

Dieser Zug kommt auch seltener vor als 12. Ld3 b6 13. Tc1 e6 14. Dd2 Lb7 = . Hier gibt Pachman sein Läuferpaar preis. Literatur findet man hierzu kaum.

12. ...   Sa5 x c4
13. Tc1 x c4   Lc8 — d7

Schwarz läßt zwar eventuell d5 zu, er muß darauf achten, daß Weiß nicht das Feld c7 bekommt. Z. B. 13. ... e6 14. Lf4

14. Dd1 — b3

Da Weiß sein Läuferpaar, das zum Königsangriff nötig ist, hergegeben hat, versucht er dem Schwarzen Angriff am Damenflügel (bedingt durch die Bauernkonstellation 2 — 1) zu begegnen.

14. ...   b7 — b6

Die Schwierigkeiten von Schwarz liegen in der Passivität seiner Dame.

15. Tf1 — c1

Die weißen Figuren haben einen deutlichen Entwicklungsvorsprung. Aber ich löse mit „bescheidenen" Mitteln dieses Problem.

15. ...   Ta8 – c8

Zuerst versuche ich einen Turm zu tauschen. Von den verdoppelten Türmen geht die größte Gefährlichkeit aus.

16. Tc4 x c8   Ld7 x c8
17. Db3 – a3

Auf 17. Dc3 könnte u. a. folgen e6.   18. Dc7 Dc7: 19. Tc7: La6! 20. Sc3 Tc8 21. Ta7: Tc3: 22. Ta6: Ld4:!

17. ...   a7 – a5

Zu überlegen ist auch 17. a6 mit folgendem b5

18. d4 – d5   e7 – e6

Das war die Überlegung bei 17. ... a5. Nach 17. ... a6 wäre d5 nicht gut mit e6 zu beantworten gewesen.

19. Se2 – d4

Mit der Drohung Sc6. Es zeigt sich jedoch, daß der Springer in dieser Stellung zu tauschen ist und sich das „Loch" auf g7 nicht schädlich auswirkt.

19. ...   Lg7 x d4
20. Le3 x d4

Darauf wollte Weiß hinaus. Es droht Dh3 nebst Dh6.

20. ...   e6 x d5

Doch ist Schwarz um einen Zug schneller. Das Feld h3 ist gedeckt und die Umgruppierung von Läufer und Dame zur Mattdrohung kommt zu spät.

21. e4 x d5   Dd8 x d5

| 22. Ld4 x b6 | Lc8 — e6 |

Und Weiß mußte sich mit einem Remis begnügen. Aber vergessen wir nicht, es war eine Simultanpartie, die dennoch von theoretischem Interesse ist.

III. Variantenkomplex

Wir wollen uns jetzt Systemen widmen, die man als offene Abspiele bezeichnet.
Im 1. Band haben wir schon die Bezeichnungen Spanisch (1. e4 e5 2. Sf3 Sc6 3. Lb5); Italienisch (1. e4 e5 2. Sf3 Sc6 3. Lc4); Caro-Kann (1. e4 c6) und Französisch (1. e4 e6) kennengelernt. Uns interessiert jetzt innerhalb der Spanischen Partie die „Offene Verteidigung". Die folgende Partie wurde von mir mit Schwarz in einem Thematurnier mit verkürzter Bedenkzeit gespielt. Wenn Sie mit dieser Bezeichnung nichts anfangen können, erlauben Sie mir eine kurze Erklärung: Beim Thematurnier (ein inoffizielles Turnier mit Trainingscharakter) einigt man sich auf eine Variante. Hier waren die ersten 5 Züge vorgeschrieben, also schlechthin „der offene Spanier".

Partie 5

1. e2 — e4	e7 — e5
2. Sg1 — f3	Sb8 — c6
3. Lf1 — b5	a7 — a6
4. Lb5 — a4	Sg8 — f6
5. 0 — 0	Sf6 x e4

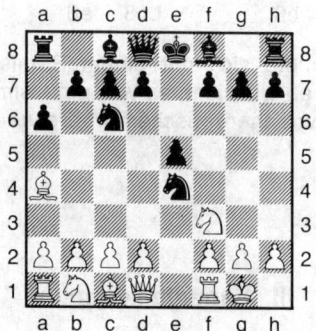

Mit dem Schlagen auf e4 wird die Offene Verteidigung, die zu den schwierigsten Spielweisen gehört, eingeleitet. Meistens begegnet uns jedoch die geschlossene Verteidigung mit 5. ... Le7. Die Analysen von diesem System gehen sehr weit. Oft sind mehr als 20 Züge genau untersucht, obwohl der Kampf meistens nur um einige Zentralfelder geht.

In der geschlossenen Verteidigung muß sich Schwarz auf eine anhaltende Defensive beschränken. Zu Unrecht geriet die Offene Verteidigung in Vergessenheit. Schwarz schlägt den Bauern auf e4, obwohl er weiß, daß er ihn nicht behalten kann. Er will seinen Figuren mehr Spielraum verschaffen, schwächt hingegen seinen Damenflügel. Es entsteht ein scharfer Kampf. Wenn auch diese Abspiele sehr weit ausgearbeitet wurden, finden sich immer wieder Neuerungen. Tarrasch, Euwe, Keres und Larsen haben sich eingehend mit der Offenen Verteidigung befaßt. Brandaktuell wurde diese Eröffnung wieder bei der WM 1978 und 1981 zwischen Karpow und Kortschnoi.

6. d2 – d4

Die Hauptfortsetzung. Weiß erreicht weder mit 6. Te1 Sc5 7. Sc3 (7. Se5: Le7 8. Lc6: dc: 9. d4 Se6 10. c3 0 – 0 =) Le7 8. Lc6: dc6: 9.

Se5: = noch mit 6. De2 Vorteil 6. ... Sc5 7. Lc6:
dc6: 8. d4 Se6 9. de5: Sd4 10. Sd4: Dd4: 11.
h3 Le7 12. Sd2 =

6. ...   b7 — b5

Früher wurde auch 6. ... ed4: gespielt. 7. Te1 d5
8. Sd4: Ld6 9. Sc6: Lh2: + 10. Kh1 (Kh2:
Dh4 + =) 10. ... Dh4 11. Te4 + de4: 12.
Dd8 + Dd8: 13. Sd8: + Kd8: 14. Kh2: Le6
15. Le3 f5 16. Sc3 Ke7 17. g6 18. Kg3 ±
(Capablanca — Ed. Lasker 1915)

    7. La4 — b3

Wird durchweg gespielt. Man sollte nach 7. d5 nur
folgende Fehler nicht machen 7. ... Se7 8. Te1
Sc5 9. Se5: Sa4:? 10. Df3! Besser ist 7. ... ba4:
8. dc6: d6 9. Te1 Sf6 10. c4 Le6 11. Da4:
Le7 12. Sc3 0 — 0 ∓

    7. ...   d7 — d5

Auf 7. ... ed: hat Weiß mehrere Gewinnchancen
z. B. 8. Sd4: Sd4: 9. Dd4: Sc5 10. Lf7: +

    8. d4 x e5

Auch Se5: ist gespielt worden. 8. ... Se5: 9. de5:
c6 10. Le3 Le7 11. Sbd2 Lf5 12. Se4: Le4: =

    8. ...   Lc8 — e6

Hier stehen Weiß zwei wichtige Möglichkeiten offen.
9. c3 und 9. De2.
Er muß zunächst seine Entwicklung vorantreiben und
recht bald seine Rochade machen.
Weiß hat seinen Damenflügel noch nicht entwickelt.

Will er seinen weißfeldrigen Läufer behalten, muß er c3 spielen. Der schwarze Springer auf e4 hemmt seine Aufstellung. Dieser muß getauscht oder verjagt werden.

Doch hat Weiß durch seinen e-Bauern Angriffschancen. Eine große Bedeutung hat das Feld c5. Schwarz kann versuchen zu c7 — c5 zu kommen, um seine Bauernmajorität (4 — 3) zu mobilisieren oder dies Feld durch eine Figur zu besetzen. Er wird auch versuchen e5 zu beseitigen oder mit f6 zu tauschen, um über die offene f-Linie mit dem Turm ins Spiel zu kommen.

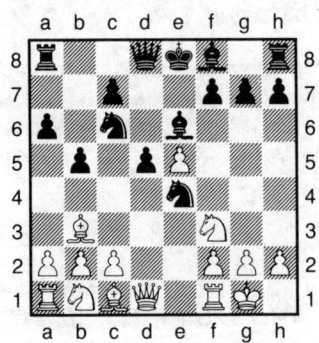

9. c2 — c3

Als Keres und Smyslow 1948 im Kandidatenturnier mit 9. De2 große Siege errangen, verschwand die Offene Verteidigung für einige Zeit aus dem Turniersaal. Aber der Schwede Ekström und B. Larsen haben die schwarze Verteidigung verstärkt.

9. ... Le7 10. Tfd1 0 — 0! 11. c4 bc4: 12. Lc4: Dd7! 13. Sc3! Sc3: 14. bc3: f6 15. ef6: Lf6: 16. Sg5! Lg5: 17. Lg5: h6! 18. Le3 Se5 19. Lb3 Dd6

20. h3 Tae8 mit schwarzen Chancen auf dem Königs-
flügel (Larsen)

9. ...   Lf8 — c5

Viele Theoretiker geben Le7 den Vorrang.
Der Textzug hat Vor- und Nachteile. Le7 schützt das
Feld g5 und blockiert nicht den Vormarsch c7 — c5.
Lc5 hingegen greift f2 an. Der Druck kann durch
eventuelle Öffnung der f-Linie verstärkt werden. Zu-
dem sind die weißen Antworten eher kalkulierbar.
De2, Dd3 und Sbd2 können erwartet werden. Auf Le7
hat Weiß mindestens acht gute Fortsetzungen.

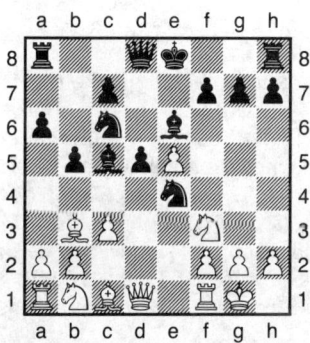

10. Sb1 — d2

Wir wollen bei dieser Stellung etwas verweilen. Durch
Nachspielen der anderen Möglichkeiten von Weiß
werden wir vertrauter mit dem System.
Ausschalten können wir als Weißer
a) 10. Lf4 wegen g5! 11. Le3 Le3: 12. fe3: g4 ∓
   11. Lg3? h5
b) 10. a4 0 — 0 11. ab: ab: 12. Ta8: Da8: 13. Ld5?
   Td8 14. Lc6 Td1 ∓
c) Sd4 Se5: ∓

33

Erfolgversprechender sind dagegen folgende Varianten.

I) 10. Dd3 0 − 0   11. Le3 f6   12. ef6: Df6:   13. Sbd2 =   13. Ld5:? Tad8   14. Le6: + De6: und nun 15. Dc2 Tf3:   16. Lc5: Sc5: (Ericson)

II) 10. De2 0 − 0   11. Le3 f6   12. ef6: Df6:   13. Sbd2 Ld6   14. a4 Sd2:   15. Dd2: Se5   16. Se5: De5:   17. f4 Dh5 = (Bertok − Geller 1962) oder 12. Sd4 Ld4:   13. cd4: fe5:   14. de5: De7   15. Sc3 Sc3:   16. bc3: Se5:   17. Ld4 Sc4 = (Gligoric − Unzikker 1961)

10. ...	0 − 0
11. Lb3 − c2	f7 − f5

Schwarz hatte auch die Möglichkeit mit 11. ... Sd2: fortzusetzen. 12. Dd2: f6 13. ef: Tf6 14. Sd4 Sd4: 15. cd: Lb6 16. a4 (Lasker − Rubinstein 1914)
Ein recht kritisches Abspiel ergibt 11. ... Lf5!? 12. Sb3 Lg4! 13. Sc5: Sc5: 14. Te1 Te8 15. Lf4 d4 16. b4 Se6 17. Le4 Dd7! 18. h3 Sf4: 19. hg4: Tad8! 20. Lc6: Dc6: 21. cd4: Dd7 = Larsen)
oder 15. Le3 Se6 16. Dd3 g6 17. Lh6 Se7 18. Sd4 Lf5 19. Sf5: Sf5: 20. Ld2 (Fischer − Larsen 1966)

12. e5 x f6	

Oder 12. Sb3 Lb6 13. Sfd4 Sd4: 14. Sd4: Ld4: 15. cd4: f4 16. f3 Sg3 17. hg3: fg3: 18. Dd3 Lf5 19. Df5: Tf5: 20. Lf5: Dh4 21. Lh3 Dd4: + 22. Kh1 De5: 23. Ld2 Doch dürfte diese Variante durch das verschiedene Material (Turm und Läuferpaar gegen Dame und 3 Bauern) nur für sehr geübte Turnierspieler zu empfehlen sein.

12. ...	Se4 x f6
13. Sf3 − g5?	

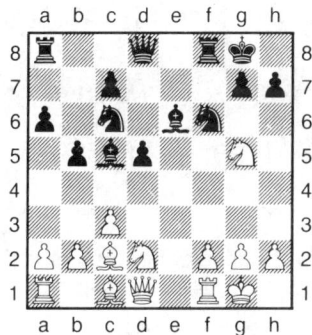

Weiß fällt hier auf einen bekannten Fehler herein. Der Zug sieht gut aus, und ich muß sagen, daß ich bei Unkenntnis dieses Abspiels vielleicht in Verlegenheit gekommen wäre. Richtig ist 13. Sb3 Lb6 14. Sg5 (jetzt richtig) Lg4 15. Lh7: + Kh8 16. Dc2 mit etwas besseren Aussichten für Weiß. (Aber wieder Vorsicht Falle. 16. ... Dd6 17. h3? Lh3: 18. gh3: Sg4!)

13. ...	Le6 – g4
14. Lc2 x h7 +	Sf6 x h7
15. Dd1 x g4	Sh7 x g5
16. Sd2 – b3	Tf8 x f2!

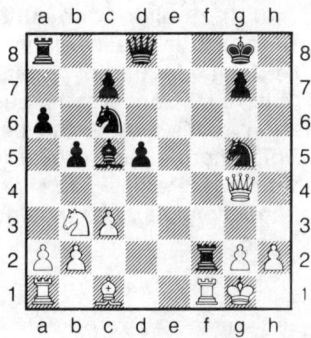

(Nach 16. ... Le7 folgt 17. Lg5: Lg5: 18. De6 +
nebst Dc6:)

17. Sb3 x c5	Tf2 x f1 +
18. Kg1 x f1	Dd8 — f8 +
19. Lc1 — f4	Df8 x c5
20. Dg4 x g5	Ta8 — f8
21. Ta1 — e1?	

In Zeitnot der entscheidende Fehler auf 21. g3 hätte
ich Dc4 + 22. Kg1 d4 usw. gespielt.

21. ...	Dc5 — c4 +
22. Kf1 — g1	Dc4 x f4
Aufgabe.	

Auf 17. Tf2: hätte ich Lf2: + gezogen 18. Kf2: Se4 +
19. Kg1 Df6 20. Le3 Tf8 nebst Se5 mit Angriff.

Im nächsten Abschnitt zeigen wir einige spannende
Partien der letzten Weltmeister. Michael Tal (Sowjet-
union) errang 1960 gegen seinen Landsmann Bot-
winnik einen überzeugenden Sieg und wurde Welt-
meister. Seinen Titel verlor er im Revanchekampf
wieder an Botwinnik. In allen Turniersälen hatte
das Publikum Tal ins Herz geschlossen, da er jede
Partie mit wagemutigem Angriffsspiel anlegte.
Nachdem er einige Jahre durch Krankheit zurückge-
worfen wurde, hat er zu alter Form zurückgefunden.
Auch 1974 errang Tal in Halle einen eindeutigen
Turniersieg. Die folgende Partie gegen Dr. Malich
(DDR) wurde mit dem Sonderpreis ausgezeichnet,
auch wenn sie nur remis wurde. Sie besticht durch
gegenseitige Opferangriffe und großartige Verteidi-
gungskünste. Mit dieser Partie wollen wir gleichzeitig
unseren **4. Variantenkomplex** behandeln: die Sizilia-
nische Verteidigung.
Tal eröffnet:

Partie 6

1. e2 – e4	c7 – c5

Die Sizilianische Verteidigung ist heute die am häufigsten gespielte Eröffnung. Rund 30% der Partien werden so eröffnet.

Schwarz strebt von Anfang an nach einem gleichwertigen Kampf, sucht im scharfen Gegenspiel seine Chancen. In vielen Turnieren erzielte Schwarz auch tatsächlich ein besseres Resultat als Weiß. Weiß versucht im Zentrum ein Übergewicht zu erlangen und einen erfolgreichen Königsangriff durchzusetzen. Schwarz hat reelle Endspielchancen, da Weiß durch frühzeitige Bauernvorstöße seine Stellung schwächt. Mit 1. ... c5 drückt Schwarz sofort auf den Damenflügel und plant die volle Befreiung durch d7 – d5.

2. Sg1 – f3	e7 – e6
3. d2 – d4	c5 x d4
4. Sf3 x d4	Sg8 – f6
5. Sb1 – c3	d7 – d6

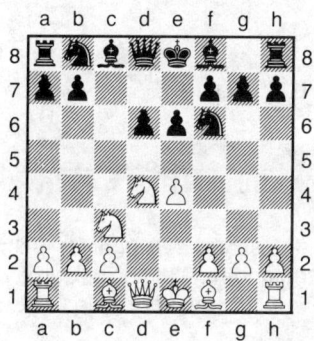

Diese Aufstellung führt den Namen „Scheveninger Variante", die Schwarz zwar zu einer beengten Stellung führt, aber doch voller Möglichkeiten für ein kraftvolles Gegenspiel steckt. Schwarz muß jedoch folgende strategische Fehler vermeiden, wie Boleslawski uns lehrt:

„1. Er darf nicht vor Abschluß der Entwicklung mit leichten Figuren manövrieren.

2. Er darf keinen Vorstoß im Zentrum zulassen, wenn sein Springer f6 kein bequemes Abzugsfeld hat.

3. Er darf dem Gegner nicht gestatten, das Feld d5 zu besetzen.
   Wenn es Schwarz gelingt, diesen drei Gefahren zu entgehen, kann er ohne weiteres damit rechnen, das Spiel auszugleichen."

   6. g2 – g4

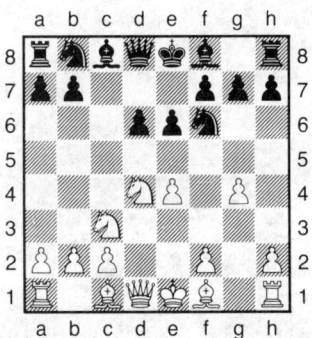

Das ist eine der schärfsten und für Schwarz gefährlichsten Fortsetzung. Weiß stört durch die Springervertreibung von f6 die normale Entwicklung des Gegners.

Die üblichen weißen Züge sind. 6. Le2 (6. ... a6
7. 0 – 0 Sc6 8. Le3 Le7 9. f4 Dc7). ·
Den Textzug führte Keres in die Praxis ein. Die
klassische Regel, die besagt, daß ein Flügelangriff
mit einem Gegenstoß im Zentrum beantwortet wer-
den soll, kann hier nicht verwertet werden. Z. B.
6. g4 d5? 7. ed: Sd5: 8. Lb5 + Ld7 9. Sd5: ed:
10. De2 + De7 11. Le3 g6 12. Ld7 + Sd7: 13.
Sb5 Se5 14. 0 – 0 – 0 ± (Fischer–Reschewsky 1966)
10. ... Le7 11. Sf5 Kf8 12. Ld7: Sd7: 13. Lf4
Da5 + 14. c3 Te8 15. Se7: Dc5 16. Le3 De7: 17.
0 – 0 – 0 ± (Nikitin – Tscherepkow 1958) oder auf
den Vorstoß mit 6. ... e5? folgt 7. Sf5 h5 8. g5
Se4: 9. Sg7: + Lg7: 10. Se4: d5 11. Sg3 h4 12.
Sh5 Th7 13. Sg7: + Tg7: 14. Dh5! oder 7. Lb5 +
Ld7 8. Ld7: + Dd7: 9. Sf5 und Schwarz hat ein
schwaches Feld d5 (sh. Vorbemerkung von Boles-
lawski).

6. ...   a7 – a6

Hier hatte Schwarz eine nicht leichte Wahl zu treffen.
Bevor diese Partie gespielt wurde, hatte Dr. Malich
eine längere Abhandlung über den Keres-Angriff
veröffentlicht, die Tal bekannt sein durfte. Trotzdem
entschließt er sich gegen den „Kenner" diese Va-
riante anzuwenden. Malich hatte 4 mögliche Verteidi-
gungen „interpretiert":
A) 6. ... Sc6 B.) 6. ... Le7 C.) 6. ... h6 und die
Textfortsetzung. A.) 6. ... Sc6 7. g5 Sd7 8. Le3
a6 9. Tg1 Dc7 10. h4 Sa5 11. f4 b5 12. a3 Sc4
13. Lc4: Dc4: 14. Dd2?! (Matulovic – Rubinetti 1968)
u. a.
B.) 6. ... Le7 7. g5 Sfd7 8. Le3 a6 9. Dd2 b5
10. 0 – 0 – 0 Lb7 11. f3 0 – 0 12. h4?! b4 13.
Sce2 d5 (als eine Möglichkeit, die Malich angibt)

C.) 6. ... h6   7. g5 hg: 8. Lg5: Db6   9. Sb3 a6
10. De2 Dc7   11. 0 – 0 – 0 Sc6   12. f4 Ld7   13. Lg2
Tc8   14. Tde1 b5   15. e5 de: 16. fe: b4   17. Sb5
ab: 18. ef: gf: 19. Le3 Sa5   20. Kb1 Sb3:   21. ab:=
(Mednis – Benkö 1972)

6. ... a6 galt lange als nicht vollwertig

   7. g4 – g5

Dieser Zug dürfte vollgerichtig sein und besser als
7. Lg2 Le7   8. Le3 0 – 0   9. g5 Sfd7   10. f4 Sc6
11. h4 Sd4:   12. Dd4: b5   13. h5 b4 =   (Sawon –
Espig 1972)

   7. ...   Sf6 – d7
   8. Lf1 – g2

Um b5 zu vermeiden zog Byrne gegen Spasski 8.
a4?! Möglich ist auch 8. Tg1 mit der Fortsetzung
8. ... b5   9. a3 Sb6   10. h4 S8d7   11. f4 Lb7   12.
Lg2 Dc7   13. De2 0 – 0 – 0   14. Sb3 Sc4   15. a4 b4
16. Sa2 d5 ∓ (Ostojic – Padewski 1973)

   8. ...   Sb8 – c6

Dr. Malich nannte vor der Partie auch 8. ... b5   8. ...
Da7 und 8. ... Le7 als Möglichkeit, gab aber auch
den Textzug als beste Fortsetzung an, auf den Weiß
mit 9. 0 – 0 oder f4 antworten könne. Ghizdavu –
Hübner 1972: 9. f4 h6!   10. h4 Sb6   11. Dd3 Dc7
12. Le3 hg: 13. hg: Th1: +   14. Lh1: Sb4   15. De2
Sc4   16. 0 – 0 – 0 Se3:   17. De3: Ld7   18. g6! fg:
19. f5 e5

   9. h2 – h4?!

40

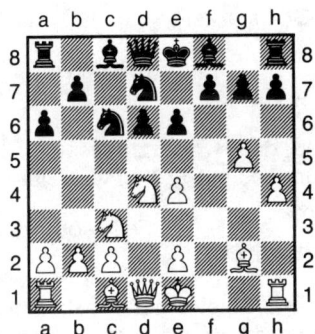

Dieser Zug ist wahrscheinlich erstmals in Nizza 1974 (Rantanen – Jansa) gespielt worden. 9. ... Db6 10. Sb3 Dc7 11. f4 b5 12. Le3 Le7 13. De2 b4 = Ob Tal daher den Zug kannte (?), oder selbst ausarbeitete, weiß man nicht.

9. ...   Dd8 – c7

Dieser Zug scheint „zahmer" zu sein als Db6

10. h4 – h5   Sd7 – e5
11. f2 – f4

Solche wilden Angriffspartien sah man bei anderen Großmeistern wenig. Im westlichen „Lager" pflegt nur noch Larsen so aggressiv zu spielen.

11. ...   Sc6 x d4

Schwarz versucht durch Figurentausch die Stellung zu entschärfen.

12. Dd1 x d4   Se5 – c6
13. Dd4 – f2

(Laut Tal ist Dd3 stärker)

    13. ...   b7 – b5
    14. Lc1 – e3

Malich gibt an, daß Schwarz besser 13. ... Sa5 spielen konnte, um Le3 mit Sc4 zu vertreiben.

    14. ...   Ta8 – b8
    15. 0 – 0 – 0

Ein schwächerer Spieler hätte sicher nicht die lange Rochade gemacht, da Schwarz ja am Damenflügel seine Konterchancen sucht, andererseits kann der König nicht im Zentrum stehen bleiben und die kurze Rochade ist gefährlich, da Schwarz selbst noch nicht rochiert hat.

    15. ...   Sc6 – a5
    16. e4 – e5   d6 – d5

Malich gibt noch die interessante Zugfolge an: 16. ... de: 17. La7 Le7! Aber Weiß setzt besser mit 17. fe5: fort.

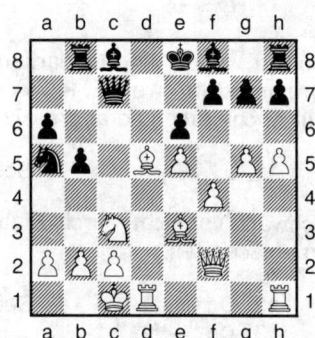

    17. Lg2 x d5!?

42

Hier pflegt man auch zu sagen: Das war Tals Geschoß.

17. ...   b5 — b4!

Nach ed: dürfte der weiße Angriff durchschlagen.

18. Sc3 — e4   e6 x d5
19. Se4 — d6 +   Lf8 x d6
20. e5 x d6

Diese Stellung hatten beide Spieler vorhergesehen (Malich).

20. ...   Dc7 — c6

Auf Dd6: folgt Lc5
20. ... Db7 21. Ld4 oder f5. Malich gibt an, daß für Weiß in beiden Fällen durch die Drohungen gegen g7 oder die Öffnung der schwarzen Diagonale mit h6 oder f6 gefährliche Angriffschancen bestünden.

21. f4 — f5

Noch eine interessante Variante:
21. La7 0 — 0! 22. Lb8: Lf5 23. Lc7 b3 24. ab: Sb3: + 25. Kb1 Da4∓

21. ...   0 — 0
22. f7 — f6!   b4 — b3!

Hier zeigen große Meister ihres Fachs, wie aktiv, scharf und schön Schach gespielt werden kann.

Leicht konnte Schwarz wieder straucheln, wenn er 22. ... g6 gespielt hätte. Wir geben Malich wieder: 23. hg6: fg6: 24. Th7: Kh7: 25. Dh4 + Kg8 26. Th1 Kf7 25. Dh7 + Ke6 28. De7 + nebst Matt.

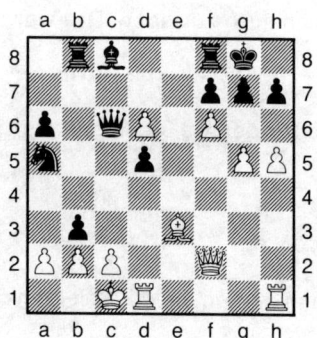

23. a2 x b3	Sa5 x b3 +
24. Kc1 — b1	Dc6 — a4!
25. c2 x b3	

Wegen Matt auf a1 erzwungen.

| 25. ... | Da4 — e4 + |

Nach 25. ... Db3: hätte Schwarz Schwierigkeiten.
26. Ld4 g6 27. hg: fg: 28. De3 Lf5 + 29. Ka1
Da4 + 30. Da3 (Malich)

| 26. Kb1 — a2 | Tb8 — b5? |

Schwarz will natürlich Matt drohen, doch meint Ma-
lich, daß unbedingt 26. ... d4! geschehen mußte.
27. Ld4: Le6 28. fg7: Lb3: 29. Ka1 Tfc8 ∓
27. fg7: Te8 28. Ld4: Le6 29. Dg3 Lb3: + 30.
Db3: Tb3: 31. Kb3: = (29. d7? Lb3: + 30. Ka1
Te5) Daß nicht alles gesehen wurde, führt Malich auf
die „tickende Schachuhr" zurück.

| 27. Le3 — c5! | |

44

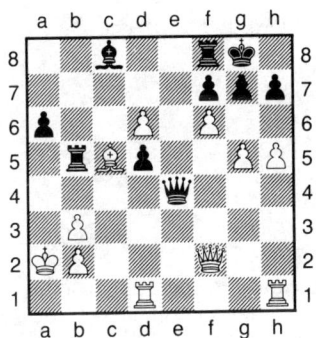

Jetzt folgen Hieb und Gegenhieb!
(27. Ld2 Tb3:!? 28. Kb3: Ld7)

27.	...	d5 — d4!
28.	Df2 x d4	De4 — c2

Angriff gegen b3 und Lc5. Wir müssen aber auch den Zug d7 im Auge behalten.

29.	Dd4 — c4	Dc2 x c4
30.	b3 x c4	Tb5 x c5
31.	d6 — d7	Lc8 x d7
32.	Td1 x d7	Tc5 x c4

Malich macht hier noch einmal auf die Zeitnot aufmerksam, so daß die nächsten Züge unter diesem Aspekt zu sehen sind. Es mußte stets h5 — h6 befürchtet werden.

33.	Td7 — d6	Tc4 — a4 +
34.	Ka2 — b1	

Vielleicht wäre 34. Kb3 Ta5 35. h6 stärker.

34.	...	g7 x f6
35.	g5 x f6	h7 — h6

36.	Th1 − h3	Ta4 − a5

Es drohte Ta3

37.	Kb1 − c2	Ta5 − c5 +
38.	Kc2 − d2	a6 − a5
39.	b2 − b3	Tc5 − g5
40.	Kd2 − c3	Tf8 − c8 +
41.	Kc3 − b2	Tc8 − c5

Nachdem Schwarz in der Zeit seine 40 Züge geschafft hatte, nahm er remis an, obwohl er etwas besser zu stehen glaubt. Er macht noch die Angabe: 42. Td8 + Kh7 43. Tf8 Th5: 44. Tg3 Thg5.
Sie können sich vorstellen, lieber Leser, daß die Angaben und Analysen nicht vollständig sein können. Sie werden immer wieder selber Beispiele aus der Turnierpraxis heranziehen müssen, um die ganze Problematik solcher Varianten besser begreifen zu können.

Von Exweltmeister Boris Spasski sahen wir folgende schöne Kurzpartie bei der 41. UdSSR-Landesmeisterschaft 1974. Erst in diesem Turnier konnte man die alte Spielstärke Spasskis wiedererleben.
Die Titelkampfniederlage gegen Fischer hatte Spasski weit zurückgeworfen. Dieses Turnier gewann er mit 1 Punkt Vorsprung vor Karpow, Kortschnoj, Petrosjan u. a.

Partie 7
B. Spasski − N. Raschkowski

1.	e2 − e4	c7 − c5
2.	Sg1 − f3	d7 − d6

Mit dem 2. Zug von Schwarz gelangen wir in andere Abspielsysteme der Sizilianischen Verteidigung.

3. d2 — d4	c5 x d4
4. Sf3 x d4	Sg8 — f6
5. Sb1 — c3	a7 — a6

Diese Zugfolge ist zu einem eigenen System ausge-
arbeitet worden. Wir sprechen von dem „System mit
2. .... d6 und 5. .... a6" oder von der „Najdorf-Varian-
te." Diese Variante gehört ebenfalls zu den schärfsten
und vielseitigsten Aufstellungen in der Sizilianischen
Verteidigung.
Auch hier erleben wir oft entgegengesetzte Rochaden
und beiderseitige Bauernstürme.

| 6. Lc1 — g5 | e7 — e6 |

Das ist die Hauptfortsetzung.

| 7. f2 — f4 | |

Hier hat Weiß auch die Fortsetzung 7. Df3 zur Ver-
fügung, die früher populärer war. Weiß gibt sehr früh
zu erkennen, daß er lang rochieren will und einen
Vorstoß mit dem g-Bauern anstrebt. Viel dynamischer
ist aber der Textzug.

| 7. ... | Dd8 — c7 |

Oft geschieht 7. ... Le7 mit Fortsetzungen wie 8.
Df3 h6 9. Lh4 g5 10. fg: Sfd7 11. Se6: fe: 12.
Dh5 + Kf8 13. Lb5! Kg7 oder 11. Lg3 Se5 12.
Dh5 Lg5: 13. Le2 Db6 14. Le5:! de: 15. Sf3 Db2:
Aber auch 7. ... Sbd7 und 7. ... b5 wurden gespielt.
Dramatisch verliefen die Weltmeisterschaftspartien
Nr. 7 und 11 zwischen Spasski und Fischer, in denen
jeweils 7. ... Db6 gespielt wurde. In beiden Partien
kam es zum vieldiskutierten Bauernraub auf b2.

| 8. Lf1 — d3 | |

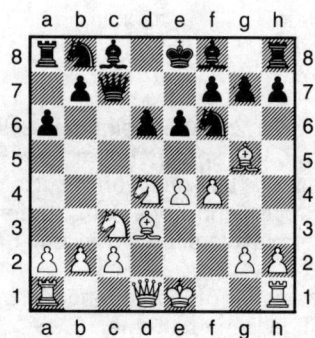

Boleslawski empfiehlt hier mit 8. Df3 fortzusetzen.
8. Lf6: gf6: 9. f5? Sc6 10. Le2 Db6! 11. Sb3 De3
12. Sd2 Se5 13. Sf1 Db6 ∓

```
8. ...              Sb8 – d7
9. Dd1 – e2
```

9. Df3 versuchte Spasski im gleichen Turnier gegen
Tukmakow.

```
9. ...              b7 – b5
10. 0 – 0 – 0       Lc8 – b7
11. Th1 – e1        Lf8 – e7
12. e4 – e5!
```
(sh. Diagramm S. 49)

Schärfer als der „Sicherheitszug" 12. Kb1.

```
12. ...             d6 x e5
13. f4 x e5         Sf6 – d5
14. Lg5 x e7
```

Für Angriffsspieler empfiehlt sich auch 14. Se6: fe:
15. Dh5 + g6 16. Lg6: + hg6: 17. Dg6: +

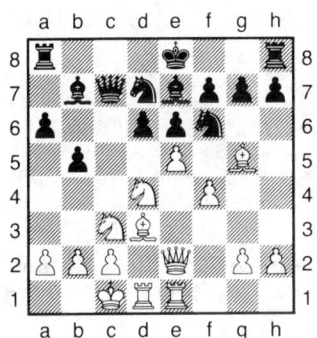

14. ...	Sd5 x c3
15. De2 − g4!	Sc3 x d1
16. Sd4 x e6	Dc7 − c6

16. fe:? 17. Ld6 Dc6 18. De6: + Kd8 19. De7 +

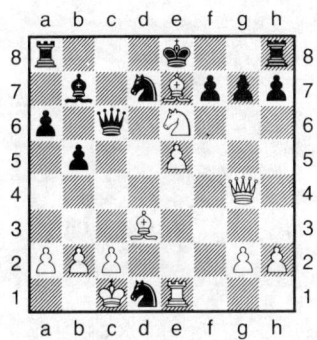

| 17. Se6 x g7 +! | Ke8 x e7 |
| 18. Dg4 − g5 + | f7 − f6 |

Auf 18. ... Kf8 wäre 19. Sf5 Sc5 20. e6 gefolgt.

19. e5 x f6 +	Ke7 — d8
20. f6 — f7 +	Kd8 — c7
21. Dg5 — f4 +	Aufgabe

Statt 20. ... Kc7 verlor auch 20. ... Df6 21. Se6 + Ke7 22. Sc5 + Kd8 23. Sb7: + Kc7 24. Df6: Sf6: 25. Te7 +

Man wird diese Variante von Schwarz überdenken müssen. Spasski zeigte eine überzeugende Leistung. Auch die nächste Partie gehört zum Sizilianischen Komplex. Sie wurde in Hastings 1971/72 zwischen Karpow (UdSSR) und R. Byrne (USA) gespielt. Beide waren zwar noch keine Weltmeister, doch ist Karpow 1975 Herausforderer von Fischer. Vielleicht ist er bei Erscheinen dieses Buches schon Champion. (Karpow wurde 1975 zum Weltmeister ernannt, da Fischer zum Titelkampf nicht antrat.) 1973 und 1974 wurde er von der Presse mit dem Schachoscar als bester Spieler des Jahres ausgezeichnet. R. Byrne scheiterte erst im Kandidatenturnier an Exweltmeister Boris Spasski mit 0:3 (bei 3 Remispartien).

Partie 8

Karpow eröffnet:

| 1. e2 — e4 | c7 — c5 |
| 2. Sg1 — f3 | Sb8 — c6 |

Bisher behandelten wir 2. ... e6 und 2. ... d6

3. d2 — d4	c5 x d4
4. Sf3 x d4	Sg8 — f6
5. Sb1 — c3	d7 — d6
6. Lc1 — g5	

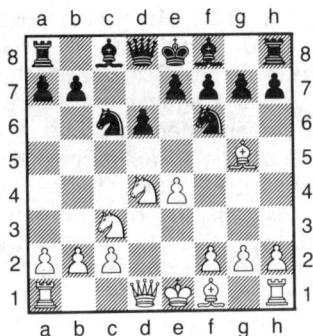

Diese Aufstellung ist unter dem Namen Rauser-System bekannt. Die Aufstellung des Läufers auf g5 charakterisiert dieses System.

Es geht im Laufe der Partie um den Druck auf d6. Meistens geschieht die lange Rochade. Doch spielen positionelle Methoden bei diesem Aufbau eine weitaus größere Rolle als bei den anderen behandelten Varianten. Die Entscheidung bringt hier nicht immer der „Sturm auf die Bastille" mit stürmischen Bauern-vorstößen. Das Rausersystem ist heute so weit verzweigt, daß es nicht gelingt, anhand dieser Partie, auch nur annähernd die Varianten aufzuzeigen. Boleslawski beispielsweise teilt das System in 32 (!) Varianten ein.

6. ...   Lc8 – d7

Eine in den letzten Jahren häufig anzutreffende Abwicklung. Der Tausch auf f6 ist ungefährlich. Auf 6. ... Db6 zieht Weiß einfach Sb3.

Die Hauptfortsetzung lautet 6. ... e6 7. Dd2 Le7 8. 0 – 0 – 0 0 – 0 9. f4 d5 (Eine von vielen Möglichkeiten) 10. e5 Sfd7 11. Le7: De7: 12. Sf3 Sb6 13. Ld3 Ld7 14. De1 (droht Lh7: +) 14. ... h6 15. g4 f6 16. h4 Db4 17. Se2 De1: 18. Te1: fe: 19.

Se5: Se5: 20. fe: Tf3 21. b3! mit der Drohung 22. g5. Besser als in der Partie Suetin – Wasjukow 1967 geschah. Dort erlangte Schwarz nach 21. g5 Tc8! 22. Kb1 Sc4 gutes Gegenspiel. Schwarz hat aber andere gute Entgegnungen im 9. Zug. Z. B. 9. ... e5. Hierbei geht es um die schnelle Entwicklung des Lc8. Es kann folgen: 10. Sf3 Lg4 11. Le2 Tac8 12. Kb1 Lf3: 13. gf: Sd4 14. Tg1 Kh8. Eine oft auftretende Fortsetzung bringt: 9. ... Sd4: 10. Dd4 Da5 11. Lc4 (am besten) Tfd8 12. Thf1! Ld7 13. f5 Tac8 14. Lb3 Dc5 15. Dd3 $\pm$

7. Dd1 — d2

Dieser Zug hat sich nach vielen anderen Versuchen durchgesetzt. Z. B. 7. Lf6: gf: 8. Sf5 Da5 9. Lb5 a6 10. Lc6: bc: 11. Dd3 Tg8 12. 0 – 0 Lf5: 13. ef: Tg5 14. Tfc1 Kd7 15. Se4! Df5: 16. Db3 $\pm$ (Adorjan — Radulow 1960). Allerdings mußte Schwarz besser mit 11. ... d5 fortsetzen. 12. ed: cd: 13. Dd5: Dd5: 14. Sd5: Lf5: 15. Sc7 + Kd7 16. Sa8: Kc6 $\mp$ (Boleslawski). Nach 7. Le2 folgt 7. ... Da5 8. Lf6: gf: 9. Sb3 Dg5 10. Sd5 Tc8? (0 – 0 – 0!) 11. 0 – 0 Tg8 12. g3 f5? 13. f4 Dg7 14. e5! de: 15. Sc5 Sd4 16. Sd7: Tc2: 17. Tf2! ef: 18. S7 f6 + ef: 19. Lb5 + Kd8 20. Tc2: fg: 21. Dd4 (Sheljandinow — Zereteli 1967) Auf 7. f4 folgt 7. ... Db6 8. Sb3 Sg4! 9. Dd2 De3 + 10. De3: Se3: 11. Tc1 Sf1: 12. Kf1: Tc8 9. De2 Sd4! 10. Sd5 Se2: 11. Sb6: ab: 12. Ke2: h6 13. Lh4 g5! $\mp$

7. ...   Ta8 — c8

Ein Zug, der früher schon gespielt wurde, und dem ein späteres Qualitätsopfer zugrunde liegt, aber nicht befriedigen dürfte. Schwarz muß erst versuchen, die Stellung weiter auszubauen und auszugleichen.

Wir wollen andere Möglichkeiten untersuchen.

A.) 7. ... a6 8. 0 – 0 – 0 Tc8 9. f4 h6 10. Lf6: gf: 11.Le2 h5 12. Kb1 e6 13. Thf1 b5 14. Sc6: Tc6: 15. Lf3 Tc5 16. f5 ± (Spasski – Bilek 1967)

B.) 7. ... a6 8. 0 – 0 – 0 b5 9. Sc6: Lc6: 10. De1 Da5 11. Kb1 e6 12. f4 Tc8 13. Lf6: gf: 14.f5 ± Auch 7. ... Db6 8. Sb3 a5 9. Le3 Dd8 10. Sd5 Sd5: 11. ed: Se5 12. a4 g6 13. Ld4 f6 14. f4 (Gufeld – Damjanovic 1969) erwies sich als für Weiß günstig.

Vielleicht ist 7. ... Sd4: noch am besten. 8. Dd4: Da5 9. Ld2 e5 (oder 9. ... Dc7 10. Lc4 e6 11. Lb3 Le7 = R. Byrne – Benkö 1970) 10. De3 [Dd3! h6 11. Sd5 Dd8 12. Sf6: + Df6: 13. Db3 Lc6 14. Lb5 De7 15. a4! (besser als 15. 0 – 0 Lb5: 16. Db5: + Dd7 17. Dd7: + Kd7: = Wasjukow – Taimanow 1970) 15. ... a6 16. Ld3 g6 17. 0 – 0 Lg7 18. f3 0 – 0 19. Lc4 Mit weißem Übergewicht].

10. ... Dc7. So entzieht Schwarz seine Dame möglichen Angriffen.

Abschließend kann gesagt werden: Schwarz darf den 7. Zug noch lange in der Praxis prüfen.

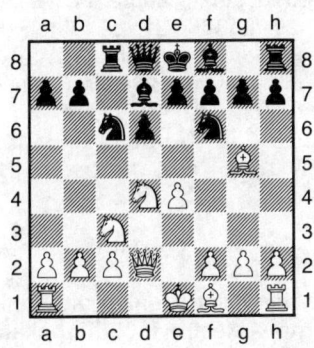

8. 0 – 0 – 0

Auch 8. f4 wurde versucht. Nach 8. ... Sd4: 9. Dd4: De5 folgt 10. e5!

| 8. ... | Sc6 x d4 |
| 9. Dd2 x d4 | Dd8 – a5 |

Versucht wurde: 9. ... Tc3: 10. Dc3: Se4: 11. De3 Sg5: 12. Dg5: Db6 13. Lc4 e6 14. Dg3 g6 15. Lb3 Le7 doch mußte Weiß besser mit 10. bc: Da5 11. Lf6: gf 12. Lc4 fortsetzen ±

| 10. f2 – f4 | h7 – h6 |

Eigentlich ist das Qualitätsopfer Tc3: folgerichtig und entspricht dem bisherigen schwarzen Aufbau. Über seine Korrektheit hingegen besteht immer noch Unklarheit. Der Textzug dürfte eigentlich dem Versuch, das Spiel noch zu vereinfachen, nicht mehr gerecht werden. 10. ... Tc3: 11. bc: (11. Dc3:? Dc3: 12. bc: Se4: 13. Lh4 g6 14. Le1 Lg7 15. Kb2 0 – 0 16. Ld3 Sc5 17. Ka3 Tc8∓ (O'Kelly – Radulow 1969). 11. ... e5 12. Db4! Db4: 13. cb: Se4: 14. Lh4 g5! 15. fg: Le7 16. Te1 d5 17. Ld3 h6 (Unzicker – Gheorghiu 1969). Jetzt mußte besser: 18. Le4: de 19. Te4: hg: 20. Lg3 f6 21. c3 folgen (Boleslawski) Auch 14. ... f5 wurde versucht 15. fe: g5 16. Le1 de: 17. Lc4 mit besseren weißen Chancen.
Interessant ist auch noch 10. ... e6 11. e5 de: 12. fe: Lc6 13. Lb5 Sd5 14. Sd5: Lb5: 15. Da7:! Lb4! 16. Da5: La5: 17. b4 ed: 18. ba: = (Hort – Panno 1970)

| 11. Lg5 – h4 | g7 – g5 |

Soweit dürfte den Kontrahenten die Stellung aus der Partie R. Byrne – Mestrovic 1971 bekannt gewesen sein. Karpow zielt auf eine Widerlegung des schwarzen Aufbaus mit dem nächsten Zug hin.

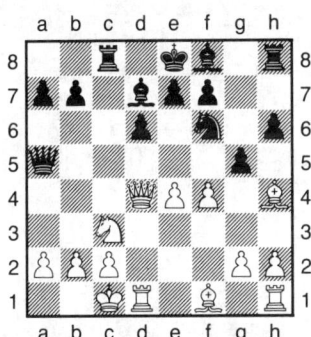

12. e4 – e5!

In der o. g. Partie geschah weiter: 12. Le1 Lg7 13. g3 Lc6 14. Lh3 0 – 0! 15. Lc8: Se4: 16. Se4: Da2: 17. Dg7: +? (Gligoric führt (13. g3?) 13. e5! an) Auch 17. Db4 Tc8: 18. Sf2 a5 19. Db6 La4! 20. c3 Tc3: + 21. Kd2 Dd5 + gewinnt für Schwarz.

12. ...   g5 x h4

Auch 12. ... Lg7 ist nicht besser. 13. Le1 Sh5 14. Sd5! Da2: 15. Se7:! Da1 + 16. Kd2 Tc2: + 17. Kc2: La4 + 18. b3 Da2 + 19. Kc1 Lb3: 20. Td2 Da3 + 21. Tb2± (Gligoric)

13. e5 x f6	e7 – e6
14. Lf1 – e2	Ld7 – c6
15. Th1 – e1	Th8 – g8

15. ... Lg2:? 16. Lg4 mit den Drohungen 17. Le6: fe: 18. f7 + und 17. f5
oder 16. Lb5 + Lc6 17. f5 Lb5: 18. fe6: fe6: 19.

Te6: + Kd8   20. Te7 Tc7   21. Dd6: +

16. Le2 − f3	Ke8 − d7
17. Te1 − e5	Da5 − b6
18. Dd4 x b6	a7 x b6
19. Lf3 − h5!	Tg8 x g2
20. Lh5 x f7	Tg2 x h2
21. Lf7 x e6 +	Kd7 − c7
22. Te5 − e3	Tc8 − d8
23. Sc3 − d5 +!	Lc6 x.d5

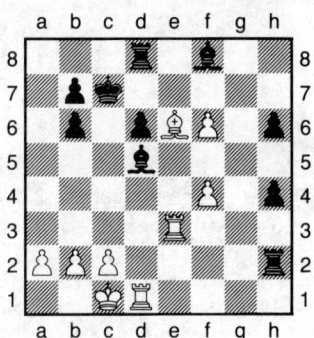

Ein günstiger Abtausch für Weiß, da Schwarz den unbeweglichen Lf8 übrig behält.

24. Td1 x d5	Th2 − f2
25. f4 − f5	h6 − h5
26. Te3 − c3 +	Kc7 − b8
27. a2 − a4	Tf2 − f4

Oder 27. ... Lh6 + 28. Kb1 Lf4 29. f7 Le5 30. Te5:! de: 31. Tc8 +! (Gligoric)

28. Tc3 − a3	Tf4 − g4

29. a4 – a5	Lf8 – h6 +
30. Kc1 – b1	b6 x a5
31. Td5 x a5	

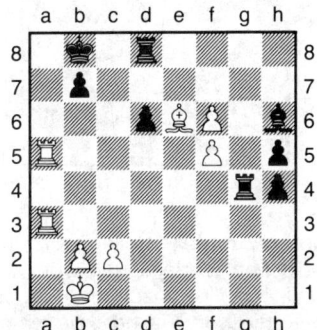

Es droht 32. Ta8 + Kc7 33. Tc3 (Turmgewinn)

31. ...	Kb8 – c7
32. Ta5 – b5	Tg4 – g3
33. Ta3 – a7	Td8 – b8
34. Le6 – d5	Tg3 – g1 +
35. Kb1 – a2	Tg1 – f1

Schwarz hat nur noch Verzweiflungszüge.

36. Ta7 x b7 +	Tb8 x b7
37. Tb5 x b7 +	Kc7 – d8
38. Ld5 – e6	h4 – h3
39. Tb7 – d7 +	Kd8 – e8

Sh. Diagramm nächste Seite

40. Td7 – c7!

Und das Matt auf c8 ist nicht mehr zu parieren.

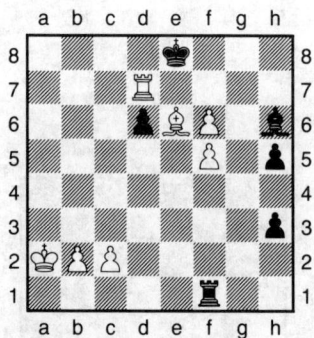

Im **5. Variantenkomplex** stellen wir einige Abspiele der Königsindischen Verteidigung vor, da sie in Turnieren ebenfalls häufig anzutreffen ist. Zugrunde legen wir eine Partie von Fischer, die er mit schwarzen Steinen 1967 in Skopje gegen Cholmow (UdSSR) spielte und immerhin selbst zu seinen besten Partien zählte. Über den ehemaligen Weltmeister Fischer ist an allen Stellen soviel geschrieben worden, daß wir uns hier gleich der Partie widmen wollen.

Partie 9

1. d2 — d4	Sg8 — f6
2. Sg1 — f3	g7 — g6
3. g2 — g3	

Meistens spielt Weiß im 2. Zug c4, um in eine größere Anzahl von Varianten einlenken zu können.

3. ...	Lf8 — g7

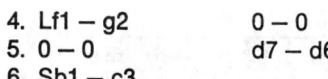

4. Lf1 – g2	0 – 0
5. 0 – 0	d7 – d6
6. Sb1 – c3	

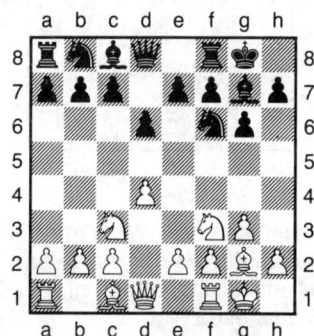

Diese Variante ist für Weiß zu passiv. Auf dem sonst charakteristischen Bauernkeil (c4, d5, e4) wird hier verzichtet.

| 6. ... | Sb8 – d7 |
| 7. b2 – b3 | |

Weiß hat hier offensichtlich nur Remis-Pläne, während Fischer den Sieg anstrebt.

| 7. ... | e7 – e5 |

Schwarz versucht sich deshalb schnell zu befreien.

8. d4 x e5	d6 x e5
9. e2 – e4	Tf8 – e8
10. Lc1 – a3	

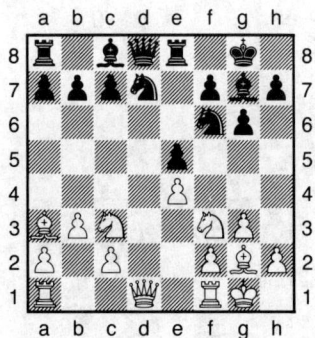

Etwas unverständlich sucht Weiß auf der Diagonalen
a3 – f8 seinem Läufer Felder zu geben. Besser war
dann schon a4 einzuschalten, damit der Läufer nicht
späterem Da5 ausgesetzt ist.

       10. ...   c7 – c6
       11. La3 – d6?

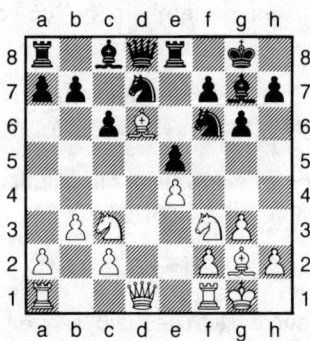

Zu diesem Fehler hat Fischer seinen Gegner verleitet.
Weiß wollte das Wirkungsfeld von Schwarz einengen

und gegen e5 drücken. Besser 11. De2 um die d-Linie für die Türme freizumachen.

11. ...   Dd8 — a5!

Dieser Zug ist in vielen Stellungen ein normales Befreiungsmanöver. Hier verursacht er im Weißen Lager schon ein Chaos.

12. Dd1 — d3   Te8 — e6!

Nun kann Weiß Materialverlust nicht mehr verhindern.

13. b3 — b4   Da5 — a3!

Es droht wieder Td6: und Schwarz bekommt zwei Figuren für den Turm.

14. Ld6 — c7   Da3 x b4
15. Ta1 — b1   Db4 — e7!

15. ... Df8? 16. Sg5 Te7 17. Ld6

16. Tf1 — d1

16. Sg5? Sc5

16. ...   Sf6 — e8
17. Lc7 — a5   Te6 — d6
18. Dd3 — e2   Td6 x d1 +
19. De2 x d1   Lg7 — f8
20. Sf3 — d2   De7 — a3!
21. Sd2 — c4   Da3 — c5
22. Lg2 — f1

Die schwarze Dame stiftet soviel Verwirrung in den weißen Reihen, daß alle Figuren umdisponiert werden müssen.

22. ...   b7 — b5

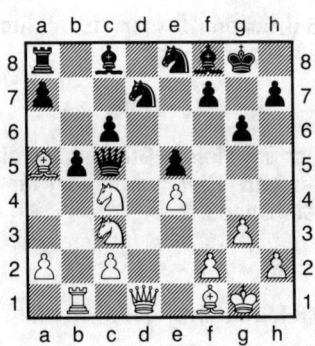

23. Sc4 — d2

Auf 23. Lb4 folgt Dd4 mit Figurenverlust.

23.	...	Dc5 — a3
24.	Sd2 — b3	Sd7 — c5
25.	Lf1 x b5	

Fischer gibt noch folgende Züge an: 25. Ld8 Se6!
26. La5 Sd6∓

25.	...	c6 x b5
26.	Sc3 x b5	Da3 — a4
27.	Sb3 x c5	Da4 x a5
28.	Dd1 — d5	Ta8 — b8
29.	a2 — a4	Lc8 — h3!
30.	Dd5 x e5	Tb8 — c8
31.	Sc5 — d3	Da5 x a4
32.	Sd3 — e1	a7 — a6

Weiß gibt auf, er hat eine Figur weniger und findet
auch für Sb5 kein geeignetes Feld mehr.
33. Sc3 Dc4 33. Sd4 Lg7 33. Sa7 Tc7
34. Ta1 Dd7 35. Ta6: Ta7: 36. Ta7: Da7: 37. De8:
Da1 führt zum Matt (Fischer).

Auch in der nächsten Partie zeigt uns Ex-Weltmeister Fischer, wie man mit Schwarz erfolgreich die Königs-Indische Verteidigung anwendet. Sein Gegner ist der berühmte dänische Großmeister Bent Larsen. Als vor Jahren die Sowjetunion gegen den „Rest der Welt" spielte, verursachten diese beiden Spieler vor dem Kampf einigen Ärger, da jeder das Brett 1 spielen wollte.

Die folgende Partie wurde 1967 in Monaco gespielt. Das charakteristische Merkmal dieser Verteidigung ist die Fianchettierung des schwarzfeldrigen Läufers und der Zug d6. Jedoch ergibt sich die Königsindische Verteidigung nur dann, wenn der weiße Bauer auf d4 steht.

Zieht Weiß beispielsweise nur d3, können die Englische Eröffnung oder Königsindisch im Anzug entstehen.

Das Merkmal der folgenden Variante ist die Läuferentwicklung nach e2 und des weißen Springers auf f3.

Partie 10

1. d2 — d4	Sg8 — f6
2. c2 — c4	g7 — g6
3. Sb1 — c3	Lf8 — g7
4. e2 — e4	d7 — d6
5. Lf1 — e2	

Fischer bemerkt, daß Larsen einige gute Partien mit 5. Sf3 0 — 0 6. Le3 gewonnen habe, aber gegen ihn auch noch keiner 6. ... e5! gezogen habe. Z.B. Le2 Sc6 oder 7. d5 Sg4 8. Lg5 f6 9. Lh4 De8 mit gutem Spiel für Schwarz 7. de5: de5: 8. Dd8: Td8: 9. Sd5 (?) Sa6! gibt Schwarz das bessere Endspiel.

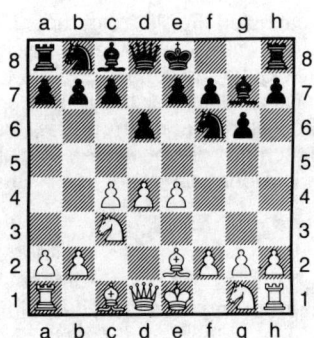

5. ...		0 – 0
6. Sg1 – f3		e7 – e5

Oft geschieht auch 6. ... Lg4, was Weiß genau be-
handeln muß. 7. Le3 Sfd7 8. Tc1! Vor der Rochade
muß der Punkt c3 gesichert werden. 8. ... e5 9.
d5 Lf3: 10. Lf3: f5 11. b4! Sf6 12. c5 Tf7 13.
0 – 0 f4 14. Ld2 Lf8 15. Sa4 Sbd7 16. c6 bc: 17.
Tc6: Tg7 18. Dc2 Sb8 19. Tc4 a6 20. Tc1. Mit
positionellem Vorteil für Weiß (Taimanow – Bielíckí
Havanna 1964)

7. 0 – 0

Ungefährlich für Schwarz ist 7. de: de: 8. Dd8:
Td8: 9. Lg5 (9. Se5: Se4: 10. Se4: Le5: 11. Lg5
Td4) 9. ... Te8 10. Sd5 Sd5: 11. cd: c6 12. Lc4
cd: 13. Ld5: Sd7! 14. Tc1 h6 15. Le3 Sf6 16.
Lb3 Se4: 17. Tc7 Le6 18. Le6: Te6: 19. Tb7: Ta6
20. a3 Sd6 21. Tb4 Tc6= (Teschner – Fischer, 1962)
Auch die sofortige Abriegelung des Zentrums durch
d4 – d5 bringt keinen Vorteil. Es ist zweckmäßiger
die Spannung im Zentrum noch aufrechtzuerhalten.

7. ...   Sb8 – c6

Falls 7. ... ed: so 8. Sd4: Te8 9. f3 c6 10. Sc2
d5 11. cd: cd: 12. ed: Db6 + 13. Kh1 Sa6 14.
Lc4 Ld7 15. Lb3 und Schwarz hat keinen ausrei-
chenden Ersatz für seinen geopferten Bauern.
Auf 7. ... c6 folgt 8. d5
Auch 7. ... Sbd7 wird viel gespielt. Es kann folgen
8. Tfe1 c6 9. Lf1 a5! 10. Tab1 Tfe8 11. d5 Sc5
12. Sfd2 Lh6 13. Sb3 Lc1: 14. Tbc1: Sb3: 15.
Db3: c5 = (Boleslawski)
Der Textzug gilt als moderne und detailliert ausge-
arbeitete Fortsetzung.

8. Lc1 – e3

Fischer schreibt, daß dieser Zug für ihn überraschend
gekommen sei. Und in der Tat wird fast ausschließlich
d5 gezogen. Zu d4 – d5 gibt Boleslawski wieder 5 (!)
Varianten an. Fischer wollte antworten: 8. ... Se7
9. Se1 Sd7 10. Sd3 f5 11. Ld2 c5! 12. f3 f4! mit
aktiven Chancen. (aber nicht 12. ... Sf6? 13. g4! f4
14. h4!)

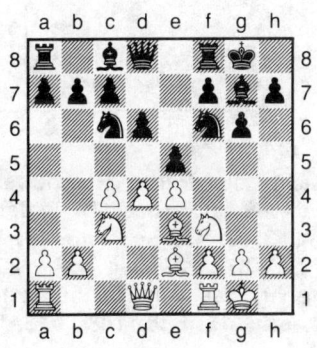

8.   Tf8 − e8!

8. ... Sg4 ist nicht so gut. Den Textzug fand zuerst Najdorf. Wichtig zu wissen ist, daß nach d5 Schwarz mit Sd4! ausgleicht. 10. Sd4: ed: 11. Ld4: Se4: (Reschewski − Najdorf 1953)

    9. d4 x e5   d6 x e5
   10. Dd1 x d8   Sc6 x d8

Fischer gibt an, daß ihm der alte Zug 10. ... Td8:! besser gefällt. Nach 11. Lg5 muß Schwarz nur stärker mit 11. ... Tf8! fortsetzen und nicht 11. ... Td7 12. Ld1!! (gefolgt von La4)

   11. Sc3 − b5   Sd8 − e6
   12. Sf3 − g5   Te8 − e7
   13. Tf1 − d1

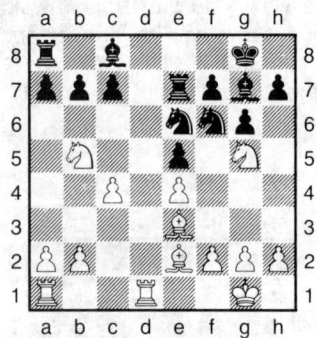

Larsen versucht, die Partie Reschewski − Fischer, Santa Monica 1966, zu verbessern, in der Folge: 13. Se6: Le6: 14. f3 c6 15. Sc3 Td7 16. Tfd1 Lf8 17. Kf2 b6 18. b3 Tb7 19. Sa4 Sd7 20. Sb2 b5 = (Fischer) Eine Analyse von Najdorf lautet: 13. Sa7: Sf4 14. Lf4: ef: 15. Sc8: Tc8: 16. f3 Sd7 17.

Tab1 Ta8 18. a3 Ld4 + 19. Kh1 h6 =

13. ...   b7 — b6

Larsen wollte auf 13. ... c6 14. Sa7:!? Ld7 15. Se6: Le6: 16. f3 ziehen. Aber nach 16. ... Td7! hat Schwarz gutes Spiel für den Bauern. (Fischer) Boleslawski gibt auf 14. Sa7: Sf4 an. 15. Lf4: ef: 16. Sc8: Tc8: 17. f3 Sh5 18. Td2 c5 =

14. c4 — c5!?

„Typischerweise wählt Larsen eine überraschende Fortsetzung. Er sollte ein baldiges Remis anstreben mit 14. Se6: Le6: 15. f3. Durch das Überschätzen seiner Chancen wird er langsam in eine Verluststellung getrieben" (Fischer).

14. ...   Se6 x c5

14. ... bc:? 15. Se6: Le6: 16. Lc5: Td7 17. f3 ±

15. Td1 — d8 +	Lg7 — f8
16. Sb5 x a7	Ta8 x a7
17. Td8 x c8	

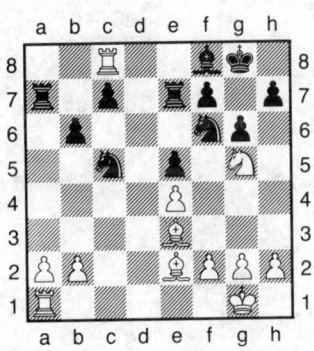

17. ...	Kg8 – g7

17. ... Sce4:?? 18. Se4: Se4: 19. Lh6
17. ... h6! 18. Sf3 Kg7 19. Lc5: bc: 20. Ld3 =

18. f2 – f3	Sf6 – e8
19. a2 – a3?	

Weiß stände sogar etwas besser nach: 19. Lc5:! bc:
20. Tb8 (Fischer)

19. ...	Se8 – d6
20. Tc8 – d8	

Auch hier konnte Larsen ein Remis durch Zugwiederholung erreichen.
20. Tb8 Sd7 21. Td8 Sb7 22. Tb8 Sd6

20. ...	h7 – h6
21. Sg5 – h3	Sc5 – e6
22. Td8 – b8	Te7 – e8
23. Tb8 x e8	Sd6 x e8
24. Le2 – b5	

(24. b4? Lb4:)

24. ...	Se8 – d6
25. Lb5 – f1	Sd6 – b7!
26. Sh3 – f2	Lf8 – c5!
27. Le3 x c5	Sb7 x c5
28. Ta1 – d1	h6 – h5!

Falsch wäre 28. ... Sd4? 29. Sg4 f6 30. f4!

29. Td1 – d5	

„Larsen hat noch Illusionen"

29. ...	Kg7 – f6

30. h2 – h4	Kf7 – e7!
31. Lf1 – c4	

31. Te5:? c6 gefolgt von Sd7 oder f6

31. ...	c7 – c6
32. Td5 – d2	Se6 – d4
33. Kg1 – f1	f7 – f5!
34. b2 – b4	

Nicht 34. ef: Sf5: mit Drohungen Se3 + oder Sh4:; besser vielleicht 34. Sd3 (Fischer)

34. ...	b6 – b5!
35. Lc4 – g8	f5 x e4

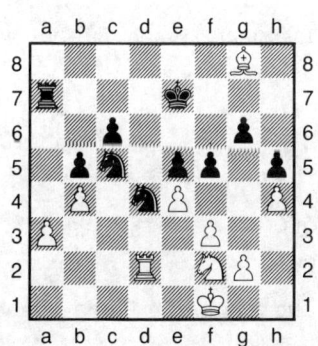

36. f3 x e4

Es geht nicht 36. bc: e3 37. Td4: (37. Td3 ef2: 38. Kf2: Ta8 39. La2 b4 oder 37. Ta2? ef: 38. Kf2: Kf8!) ed: 38. Sd3 Ta3: 39. Ke2 Tc3

36. ...	Sc5 – d7
37. Td2 – d3	Ta7 – a6!

38. Td3 – c3   c6 – c5!

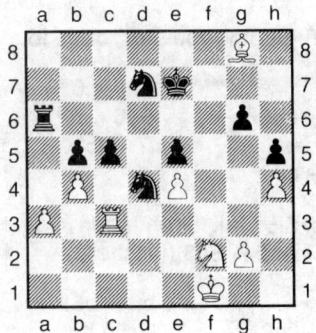

39. g2 – g4?

In Zeitnot übersieht Larsen 39. bc: b4! 40. Tc1! Ta3: 41. c6 Sb6

39. ...	c5 – c4
40. g4 x h5	g6 x h5
41. Lg8 – d5	Sd7 – f6
42. Tc3 – g3	Sf6 x d5
43. e4 x d5	Ta6 – f6
44. Kf1 – g2	

Mit diesem Zug wurde die Partie abgebrochen und Fischer setzt fort mit

44. ...	Sd4 – f5
45. Tg3 – h3	Tf6 – g6 +
46. Kg2 – f3	Sf5 – d4 +
47. Kf3 – e3	Tg6 – g2
48. Th3 – h1	Ke7 – d6
49. Sf2 – e4 +	Kd6 x d5
50. Se4 – c3 +	Kd5 – e6
51. Th1 – c1	Tg2 – h2

52. a3 — a4	Th2 — h3 +
53. Ke3 — f2	Sd4 — b3
54. Kf2 — g2	Sb3 x c1
55. Kg2 x h3	b5 x a4
56. Sc3 x a4	Sc1 — e2
57. b4 — b5	c4 — c3
58. b5 — b6	c3 — c2
59. Sa4 — c5 +	Ke6 — d5
60. Sc5 — b3	Kd5 — c6
61. Kh3 — g2	Kc6 x b6
Aufgabe	

Auf dem Wege zur Weltmeisterschaft im Interzonenturnier Mallorca 1970 bringt Larsen Fischer die einzige Niederlage bei. Als beide Großmeister später im Kandidatenturnier aufeinandertreffen erleidet Larsen mit 0 — 6 die größte Niederlage in seiner Laufbahn.

VI. Variantenkomplex

Mit Exweltmeister Petrosjan (Weltmeister von 1963 bis 1969) befassen wir uns mit der Nimzowitsch-Indischen Verteidigung (1. d4 Sf6 2. c4 e6 3. Sc3 Lb4).

Spasski forderte 1969 Petrosjan zum zweiten Mal um die Weltmeisterschaft. Nachdem er drei Jahre vorher einen vergeblichen Anlauf genommen hatte, stand nach der 23. Partie mit 12½ — 10½ Punkten Spasski als Weltmeister fest. In der vorliegenden 10. Wettkampfpartie jedoch wird er von Petrosjan, der mit den weißen Steinen eröffnet, zerrissen.

Partie 11

1. d2 – d4   Sg8 – f6
2. c2 – c4   e7 – e6
3. Sb1 – c3   Lf8 – b4

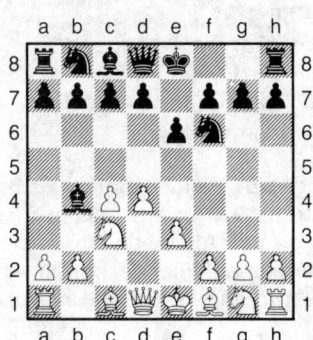

Schwarz versucht mittels Figuren einen Druck auf das Feld e4 auszuüben.

4. e2 – e3

Schon im 4. Zug setzen die Diskussionen um den wirkungsvollsten Aufbau ein. Wir geben hier die wichtigsten Abspiele wieder:

A.) 4. a3 (Sämisch-System) Lc3: + 5. bc: c5 6. e3 d6 7. Ld3 e5 8. Se2 e4 9. Lb1 Le6 10. d5 Lf5 nebst Springerwanderung Sb8 – d7 – e5. Oder 5. ... Se4 6. Dc2 f5 7. f3 Dh4 + 8. g3 Sg3: 9. hg: Dh1: 10. Sh3 Dh2 11. Lf4 d6 12. g4 Dh1 13. gf: 0 – 0 14. 0 – 0 – 0 e5 ∞

B.) 4. Dc2 (Aljechin-System) geschieht, um e4 wieder zu drohen und nach Lc3: mit der Dame wiederschlagen zu können.

4. ... d5 5. a3 Lc3: + 6. Dc3: Se4 7. Dc2 c5

72

8. dc: Sc6 **9.** Sf3 Da5 + **10.** Sd2 Sd4 **11.** Dd3 e5
12. b4 Da4 **13.** Ta2 Sd2: **14.** Dd2: dc: **15.** e3 Sb3
16. Dc3 Le6 **17.** Lc4: Lc4: **18.** Dc4: Sc1: **19.** Dc1:
a5 = (Bronstein — Boleslawski 1948)

oder **4.** ... c5 **5.** dc: Lc5: **6.** Sf3 Sc6 **7.** Lg5 Le7
8. e4 d6 **9.** Le2 a6 **10.** 0 — 0 Dc7 **11.** Tac1
Auch **4.** ... Sc6 **4.** ... d6 und **4.** ... 0 — 0 sind
spielbar.

C.) **4.** Sf3 (Ragosin-Verteidigung) **4.** ... d5 **5.** Da4+
Sc6 **6.** Se5 Ld7 **7.** Sd7: Dd7: **8.** e3 e5 **9.** de:
d4 **10.** a3 Lc3: + **11.** bc: dc: **12.** Le3: Sg4
13. Ld4 Sge5:∓

Oder **4.** ... b6 **5.** Lg5 h6 **6.** Lh4 Lb7 **7.** e3 g5 **8.**
Lg3 Se4 **9.** Dc2 Lc3: **10.** bc: d6 **11.** Ld3 Sg3: **12.**
hg: Sd7 **13.** a4 a5 **14.** Tb1 De7 **15.** Le4 0 — 0 — 0
16. Lb7: + Kb7: **17.** De4 + Ka7 **18.** Dc6 Sb8 **19.**
Db5 Dd7 =

Oder **4.** ... c5 **5.** d5 Lc3: + **6.** bc: d6 **7.** e3 e5
8. Dc2 De7 **9.** Le2 0 — 0 **10.** Sd2 e4 ∓ (Balaschow
— Mititelu, 1969)

D.) **4.** Lg5 (Leningrader System) **4.** ... h6 **5.** Lh4
c5 **6.** d5 d6 **7.** e3 Lc3: + **8.** bc: e5 **9.** f4
De7 **10.** Lf6: Df6: **11.** Dd2 ef: **12.** ef: 0 — 0
13. Ld3 Lf5 =

    4. ...   0 — 0

Oder **4.** ... d5 **5.** Ld3 0 — 0 **6.** Sf3 c5 **7.** 0 — 0
dc: **8.** Lc4: Sbd7 **9.** De2 cd: **10.** ed: Lc3: **11.** bc:
Dc7 **12.** Ld2 b6 **13.** Ld3 Lb7 **14.** Tac1 Lf3: **15.**
Df3: e5 **16.** Tfe1 Dd6 =

    5. Lf1 — d3   b7 — b6

Diese Variante spielt Spasski häufig.

    6. Sg1 — e2

In diesem Abspiel steht der Springer besser auf f3
6. ... Lb7 7. 0 – 0 c5 8. Sa4 cd: 9. ed: Le7

6. ...		d7 – d5
7. 0 – 0		d5 x c4

Spasski wollte sich hier nicht die Diagonale versperren lassen. 7. ... Lb7 8. cd: ed:

8. Ld3 x c4		Lc8 – b7
9. f2 – f3!		c7 – c5

Besser vielleicht Le7, da der Textzug den Abtausch Läufer gegen Springer zuläßt.

10. a2 – a3		c5 x d4
11. a3 x b4		d4 x c3
12. Se2 x c3		

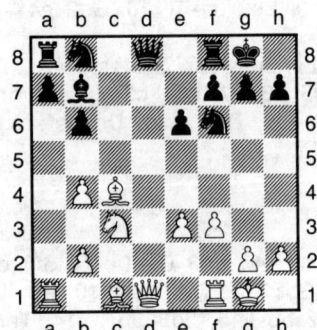

„Ein Meister-Zug. Gewöhnlich Sterbliche hätten natürlich mit dem Bauern auf c3 genommen. Aber dann hat Weiß nach 12. ... De7 nichts." (Flohr)

12. ...		Sb8 – c6
13. b4 – b5		Sc6 – e5

Der Springerzug wurde gerügt. Geller empfahl 13. Sb4 nebst a5. Auch 13. ... Sa5 14. Le2 Dd1: (Flohr meint Dc7) 15. Td1: Sb3 16. Ta3 Sc1: 17. Tc1: gereicht Weiß zum Vorteil.

    14. Lc4 – e2   Dd8 – c7

Hier wurden 14. ... De7 (Filip) und 14. ... Sd5 15. Ld2 f5 (Flohr) empfohlen.

    15. e3 – e4   Tf8 – d8
    16. Dd1 – e1   Dc7 – c5 +
    17. De1 – f2!

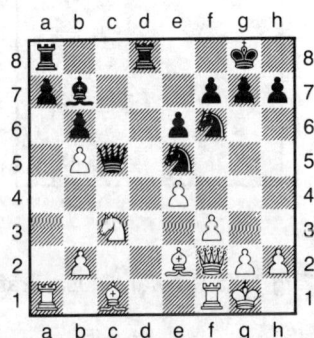

Zielt auf den Damenabtausch, der für Weiß günstiger wäre.

    17. ...   Dc5 – e7?

Dieser Zug ist sicherlich schlechter als der Damentausch, da Schwarz kein Gegenspiel mehr hat.

    18. Ta1 – a3!   Sf6 – e8
    19. Lc1 – f4   Se5 – g6
    20. Lf4 – e3   Se8 – d6

| 21. Tf1 – a1 | Sd6 – c8 |
| 22. Le2 – f1 | |

Bereitet in Ruhe die Springerüberführung nach d4 vor. Spasski ist ohne Chance.

| 22. ... | f7 – f5? |

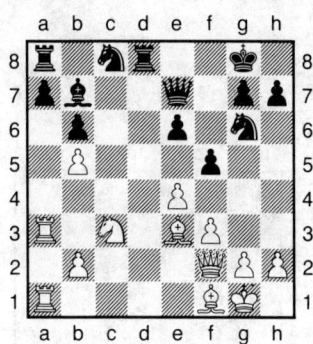

Mit diesem Zug hilft Schwarz noch kräftig nach.

23. e4 x f5	e6 x f5
24. Ta3 – a4	Td8 – e8
25. Le3 – d2	De7 – c5
26. Df2 x c5	b6 x c5
27. Ta4 – c4	Te8 – e5
28. Sc3 – a4	a7 – a6

Auch 28. ... Sd6 29. Tc5: rettet nicht mehr.

29. Sa4 x c5	a6 x b5
30. Sc5 x b7	Ta8 x a1
31. Tc4 x c8 +	Kg8 – f7
32. Sb7 – d8 +	Kf7 – e7

33. Sd8 – c6 +	Ke7 – d7
34. Sc6 x e5 +	Kd7 x c8
35. Se5 x g6	h7 x g6
36. Ld2 – c3	Ta1 – b1
37. Kg1 – f2	b5 – b4
38. Lc3 x g7	

Spasski verlor diese Partie ziemlich widerstandslos.
Wie Flohr errechnete war diese Partie die 50. Begeg-
nung zwischen den beiden (jetzigen) Ex-Weltmeistern.

Lerne Kombinieren

Das folgende Diagramm zeigt eine Endspielstellung,
in der Chancen durch den Materialunterschied (Dame
und Läufer gegen 2 Türme und Läufer) auf beiden
Seiten bestehen.

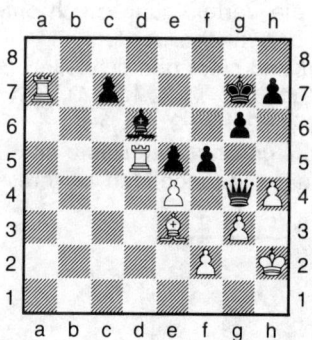

Schwarz ist am Zuge und übersieht die weiße Dro-
hung. Er möchte seinen König heranziehen. 39. ...
Kf6?? Sehen Sie die Möglichkeit?
40. Td6: + Jetzt sah auch der Führer der schwarzen
Steine, daß er aufgeben konnte.
40. ... cd: 41. Lg5 + Ke6 42. Te7 Matt.
Schwarz mußte Kg8 oder Kf8 spielen.

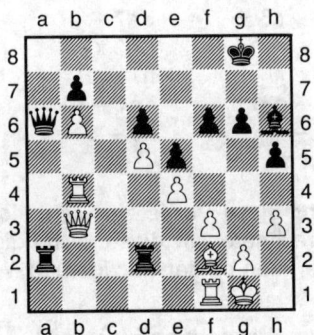

Schwarz hat bereits seine Türme in der 2. Reihe verdoppelt und die Dame unterstützt den Angriff in der offenen a-Linie. Weiß hingegen muß mit einem Turm verteidigen und der andere und die Dame besetzen die geschlossene b-Linie. Wie so oft in solchen Stellungen kann die Verteidigung durch einen geschickten Opferzug bezwungen werden.

Schwarz zieht und sieht den schnellen Gewinn 1. ... Df1: + ! 2. Kf1: Tf2: + 3. Kg1 (3. Ke1 Tg2: 4. Kf1 Taf2 5. Ke1 Ld2 +) 3. ... Tg2: + 4. Kh1 Tgc2 Auch 4. ... Lf4 gewinnt. Die Dame muß den Turm a2 nehmen, um das drohende Matt zu vermeiden.

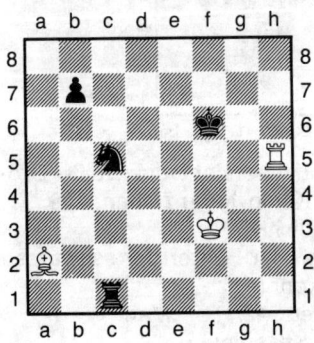

Weiß am Zuge

78

Weiß ist am Zuge und hat gute Remischancen. Aber er hat einen falschen Plan. 52. Th6 + ? Ke5 53. Tb6 Sa4 54. Te6 + (54. Tb4 Ta1 55. Ta4: Ta2: 56. Tb4 Kd5 57. Ke3 Kc5 58. Tb8 Kc4 und Weiß befindet sich in Zugzwang)
54. ... Kd4 55. Te4 + Kc5 56. Ta4: Ta1 Weiß gab auf (Die Schlußphase der Partie gehört Spasski – Petrosjan 1. Wettkampfpartie, Weltmeisterschaft 1969)
Richtig mußte Spasski ziehen: 52. Ke3! Sa4 53. Th4 Sc3 34. Tb4 Sd5 + 55. Ld5: oder 54. ... b1 D 55. Lb1: Sd5 + 56. Kd2

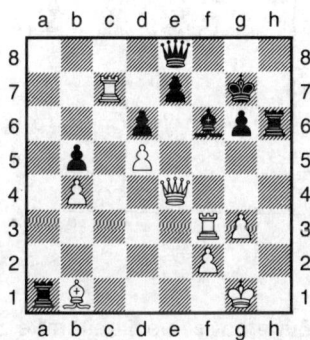

Weiß am Zuge hat sich eine vortreffliche Figurenstellung aufgebaut. Die schwarzen Figuren harmonieren nicht miteinander und sind mit Einzelaufgaben beschäftigt.
Weiß gewinnt leicht durch

1. Tf3 x f6!	Ta1 x b1 +
2. De4 x b1	Kg7 x f6
3. Db1 – e4!	

Es gibt keine Verteidigung mehr.

3. ...   De8 – f7
4. De4 – d4 +

nebst Matt, oder 3. ... Kf7 4. De6 + Kf8 5. Tc8
nebst Damenverlust.

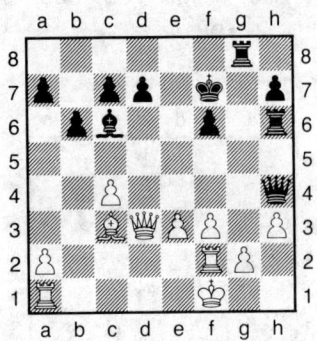

Schwarz am Zuge hat seine Streitkräfte zum Königs-
angriff versammelt. Es ist ein klarer Plan zu erken-
nen. Die weißen Figuren machen auch hier einen
ungeordneten Eindruck. Aber wie kann Schwarz den
Stellungsvorteil verwerten?
Und so fand Larsen 1967 in Havanna gegen Gligoric
den Gewinnzug:

1. ...   Tg8 x g2!
2. Tf2 x g2   Dh4 x h3
3. e3 – e4   Th6 – g6!

(4. De2 Dh1 +)

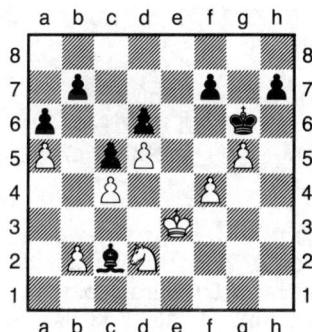

Ein hochinteressantes Endspiel.
Gleiches Material. „Nur" Läufer gegen Springer.
Es sieht stark nach Remis aus. In vielen Stellungen
hat der Läufer gegenüber dem Springer Vorteile.
Hier jedoch hat Weiß (am Zuge) die Möglichkeit, den
Läufer „unschädlich" zu machen.

1. Sd2 – e4!	Lc2 x e4
2. Ke3 x e4	f6

Schwarz versucht seinen h-Bauern freizubekommen.

3. f4 – f5 + !	Kg6 x g5
4. b2 – b4!	c5 x b4
5. c4 – c5	b4 – b3
6. Ke4 – d3	Kg5 x f5
7. c5 x d6!	gewinnt, der schwarze Kö-

nig kommt nicht mehr heran.

Schwarz kann also nicht 2. ... f6 spielen. Versuchen
wir es mit

2. ...	f7 – f5 +
3. Ke4 – d3	Kg6 – f7
4. b2 – b4	Kf7 – e7

81

(4. ... cb: ? 5. Kc2 Ke7 6. Kb3 dK7 7. Kb4: Kc7 8. c5! gewinnt)

5. b4 x c5	d6 x c5
6. Kd3 — e3!!	Ke7 — d7
7. Ke3 — f3	Kd7 — c7
8. Kf3 — g3	b7 — b6?

Dieser Zug geht nur, wenn der weiße König schon auf he steht, da er dann nicht mehr den schwarzen a-Bauern erreicht. Jetzt würde folgen 9. ab: + Kb6: 10. Kf3 a5 11. Ke3 a4 12. Kd3 usw. Der schwarze König kann nicht zu Hilfe eilen, weil der weiße d-Bauer sein Umwandlungsfeld schneller erreicht. Auf 8. ... b5 folgt ab: ep + und auf 8. ... Kd7 9. Kh4 b6! 10. ab: a5 11. Kh5 a4 12. b7! Kc7 13. Kht a3 14. Kh7: a2 15. g6 a1 D 16. g7 Schwarz hat nur zwei Racheschachs und Weiß gewinnt!!

Dieses schöne Endspiel spielten nicht etwa Spasski oder Fischer, sondern der jetzige Polizeipräsident (!) von Dortmund, Wolfgang Manner, der damals (ca. 1967) noch Verwaltungsangestellter in Münster war und im Bundesligakampf gegen Klein aus Bonn eine herrliche Partie lieferte.

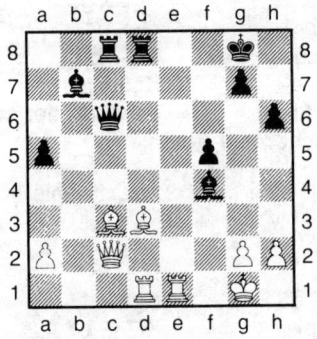

In einem Simultankampf führte Spasski die schwarzen Steine und holte zum Schlag (ins Wasser) aus:

1. ...   Dc6 x c3

Sein junger Partner hatte dem großen Meister diese Falle gestellt.

    2. Ld3 — c4 +   Tc8 x c4
    3. Td1 x d8 +   Kg8 — f7
    4. Dc2 x f5 +   Dc3 — f6

Soweit hatte Spasski offensichtlich alles gesehen.

    5. Te1 — e7 +!!

Und jetzt streckte der große Meister die Hand zur Aufgabe, weil er im nächsten Zug mattgesetzt wird.

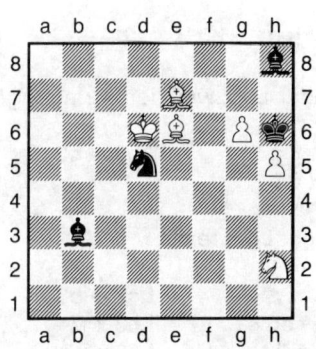

Weiß ist am Zuge. Der Gewinn ist nur möglich, wenn Weiß einen Bauern umwandeln oder mattsetzen kann.

Was nicht gewinnt, vorab: 1. Ld5: Ld5: 2. Kd5: Kh5:
Weil auch der 2. Bauer verloren ginge.

Weiß versucht nun den König von den Bauern abzulenken.

    1. Le7 — f8 + !   Kh6 x h5

(1. ... Lg7 2. Lg7: + Kg7: 3. Ld5: gewinnt)

    2. Le6 — f7!

Natürlich nicht 2. g7? Lg7: 3. Lg7: Se3! Lb3:
Sf5 + =

    2. ...   Kh5 — g5
    3. Sh2 — f3 +   Kg5 — f6

(3. ... Kf4 4. Ld5: 3. ... Kf5 4. g7 Lg7: 5. Lg7:
Sc7 6. Sd5 +)

    4. Sf3 — h4!

Es droht wieder Ld5: weil der Springer g6 deckt.

    4. ...   Lb3 — c2
    5. Kd6 x d5

Jetzt wäre Ld5: Lg6: remis

    5. ...   Lc2 — b3 +
    6. Kd5 — d6   Lb3 x f7
    7. g6 — g7!   Lh8 x g7
    8. Lf8 — e7   Matt!!

Auch 4. ... Sf4 rettet die Stellung nicht mehr. 5.
Le7 + Kg7 6. Sf5!!

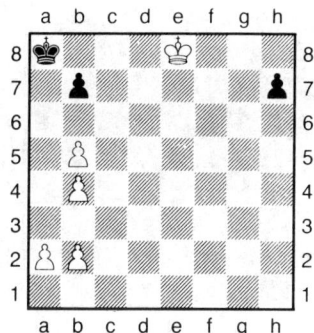

Diese Endspielstellung zeigte Kasparjan in seinem Buch „Zauberhafte Endspiele". Hier sehen wir eine Selbstpattstudie. Der schwarze h-Bauer ist nicht mehr zu halten, er wird zur Dame umgewandelt.

Durch die eigenartige weiße Bauernstellung rettet Weiß seinen König.

1. Ke8 – d7!	h6 – h5
2. Kd7 -- c7!	h5 – h4
3. Kc7 – b6	h4 – h3
4. Kb6 – a5	h3 – h2
5. b5 – b6!	h2 – h1 D
6. b6 – b5!	Dh1 – b1
7. a2 – a4 nebst b2 – b4 patt	

oder 4. ... b6 + 5. Ka4 h2 6. a3 h1 D 7. b3 patt. Wenn Sie sich fragen, warum der schwarze König auf a8 zuzieht. z. B. 1. Kd7 Ka7? 2. Ke6! und Weiß kommt an den h-Bauern und gewinnt die Partie!

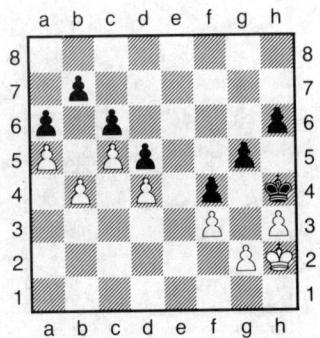

Schwarz am Zuge glaubt durch seinen besser postierten König noch Gewinnchancen zu haben und verliert durch

| 1. ... | h6 – h5? |
| 2. g2 – g3 + !! | |

Nach 2. Kg1 Kg3 3. Kf1 g4 4. hg: hg: 6. fg: Kg4 6. Kf2 bleibt die Partie remis.

| 2. ... | f4 x g3 + |
| 3. Kh2 – g2 | |

Schwarz hat nur noch Zwangszüge

| 3. ... | g5 – g4 |
| 4. h3 x g4 | Kh4 – g5 |

Nach 4. ... hg4: gewinnt 5. f4!!

5. g4 x h5 und Schwarz gab auf.

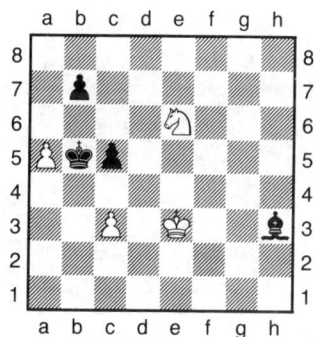

Weiß hat einen ungedeckten Bauern a5 und einen angegriffenen Se6 und findet doch die Lösung zum Remis.

    1. a5 − a6!!

Schwarz muß folgende 4 Züge durchrechnen:
A) 1. ... Le6: ?? 2. a7 Sieg für Weiß
B) 1. ... b6 (?) 2. a7 Lg2 3. Sc7 + Kc4 noch remis
C) 1. ... Ka6: 2. Sc5: + Kb6 3. Sb7: remis und die Partievariante.

D) 1. ...   b7 x a6
   2. Se6 x c5!   Kb5 x c5
   3. Ke2 − d2

Weiß kann seinen Bauern c3 noch aufgeben, denn sein König erreicht rechtzeitig das Feld a1 und hält remis, weil Schwarz den „falschen Läufer" hat. Zum Sieg benötigte Schwarz einen schwarzfeldrigen Läufer, um das Feld a1 zu nehmen.

Im 1. Band der „Kleinen Schachbücherei" finden Sie ein „Kleines Schachlexikon", das die wichtigsten **Schachausdrücke** erläutert. In diesem Buch stellen wir ein Lexikon der **Schacheröffnungen** zusammen. Es sind selbstverständlich nur die jeweils wichtigsten Varianten aufgeführt. Literaturangaben dienen dem Interessenten für ein weiteres Studium.

I. Offene Spiele

Spanische Partie:

1. e4 e5	2. Sf3 Sc6	3. **Lb5** a6	4. La4 Sf6	5. 0 – 0 Le7	6. Te1 b5
				7. Lb3 d6	8. c3 0 – 0
				5. Se4:	6. d4 b5
				7. Lb3 d5	8. de: Le6
				5. d4 ed:	6. Dd4: Dd4:
			4. Lc6: dc:	7. Sd4: Ld7	8. Le3 0 – 0 – 0

Italienisch

		3. **Lc4** Lc5	4. c3 Sf6	5. d4 ed:	6. cd: Lb4 +
			7. Sc3 Se4:	8. 0 – 0 Lc3:	9. d5 Lf6!
			4. b4 Lb4:	5. c3 Lc5	6. d4 ed:
		(Evans-Gambit)			7. 0 – 0 d6
(Zweispringerspiel im Nachzuge)		Sf6	4. d4 ed:	5. 0 – 0 Se4:	6. Te1 d5

Vierspringerspiel

1. e4 e5	2. Sf3 Sc6	3. Sc3 Sf6	4. Sg5 d5			7. Ld5: Dd5:	8. Sc3 Da5!
				5. ed: Sa5	6. Lb5+ c6	7. dc: bc:	8. Le2 h6

Schottische Partie

3. d4 ed:	4. Lb5 Lb4	5. 0-0-0	6. d3 d6	7. Lg5 Lc3:	
	4. Sd4: Sf6	5. Sc3 Lb4	6. Sc6: bc:	7. Ld3 d5	
	Lc5	5. Sb3 Lb6	6. a4 a6	7. Sc3 Sge7	

Philidor Verteidigung d6

3. d4 Sf6	4. Sc3 Sbd7	5. Lc4 Le7	6. 0-0 0-0
ed:	4. Sd4: g6	5. Sc3 Lg7	6. Lf4 Sf6

Russische Verteidigung Sf6

3. d4 ed:	4. e5 Se4	5. Dd4 d5	6. ed: Sd6:	7. Sc3 Sc6	
3. Se5: d6	4. Sf3 Se4:	5. De2 De7	6. d3 Sf6	7. Lg5 De2:+	8. Le2 Le7

Königsgambit

1. e4 e5   2. f4 ef:

	3.	4.	5.	6. / 7. / 8.
	Sf3 Sf6	e5 Sh5	De2 Le7	6. d4 0 – 0
	g5	h4 g4	Se5 Sf6	6. d4 d6 / 7. Sd3 Se4:
	d5	ed: Sf6	Lb5 + c6	6. dc: bc: / 7. Lc4 Sd5
Lc5	Sf3 d6	c3 Sf6	fe: de:	6. d4 ed: / 7. cd: Lb4 +
d5	ed: e4	d3 Sf6	de: Se4: / 7. g3 Sg3:	6. Le3 Dh4 + / 8. Sf3 De7

Wiener Partie

2. Sc3 Sf6

3.	4.	5.	6. / 7.
f4 d5	fe: Se4:	Sf3 Lg4	6. De2 Sc3: / 7. bc: c5
Lc4 Se4:	Dh5 Sd6	Lb3 Sc6	6. Sb5 g6 / 7. Df3 f5
Lc4 Sf6	d3 Lb4	Lg5 h6	6. Lf6: Lc3: +

Mittelgambit

2. d4 ed:

	3.	4.	5.	6. / 7.
Sc6	Dd4: Sc6	De3 Sf6	Sc3 Lb4	6. Ld2 0 – 0 / 7. 0–0–0 Te8
ed:	c3 dc:	Lc4 cb:	Lb2 d5	6. Ld5: Lb4 + / 7. Sc3 Lc3:

II. Halboffene Spiele
Sizilianische Verteidigung

1. e4 c5	2. Sf3 e6	3. d4 cd:	4. Sd4: Sf6	5. Sc3 Lb4	6. e5 Sd5	7. Dg4 Kf8	8. a3 La5	
					6. Sdb5 Lb4	7. a3 Lc3: +	8. Sc3: d5	
			Sc6			7. 0 – 0 Sc6	8. Le3 Le7	
			d6		6. Le2 a6	7. Sc3 e6	8. f4 d6	
	Sc6	3. d4 cd:	4. Sd4: Dc7	5. Sbd5 Db8	6. c4 Sf6			
			Sf6	5. Sc3 d6	6. Le2 e5	7. Sb3 Le7		
					6. Lg5 e6	7. Dd2 Le7	8. 0 – 0 – 0 0 – 0	9. f4 Sd4:
					6. Lc4 e6	7. Le3 Le7	8. De2 0 – 0	9. 0 – 0 – 0
	g6			5. Sc3 Lg7	6. Le3 Sf6	7. Lc4 Da5	8. 0 – 0 0 – 0 – 0	
				5. c4 Lg7	6. Le3 Sf6	7. Sc3 Sg4	8. Dg4: Sd4:	9. Dd1 Se6

(Sizilianisch, Fortsetzung)

1. e4 c5	2. Sf3 d6	3. d4 cd:	4. Sd4: Sf6	5. Sc3 a6	6. Le2 e5	7. Sb3 Le7	8. 0-0 0-0-0		
					6. Lg5 e6	7. f4 Le7	8. Df3 Dc7	9. 0-0-0 0-0-0 Sbd7	
				g6	6. Le2 Lg7	7. Le3 Sc6	8. 0-0 0-0-0		
					6. f4 Sc6	7. Sc6: bc:	8. e5 Sfd7		

Pirc-Verteidigung

1. e4 **d6**	2. d4 Sf6	3. Sc3 g6	4. f4 Lg7	5. Sf3 0-0	6. e5 Sfd7	7. h4 c5!	8. h5 cd:	9. Dd4: e4	10. Df2 e4
					6. Ld3 Sc6	7. e5 de:	8. fe: Sg4		

Königsfianchetto

g6	2. d4 Lg7	3. c3 d6	4. f4 Sf6	5. e5 de:	6. fe: Sd5	7. Sf3 0-0	8. Lc4 c5!	
		3. Sc3 d6	4. f4 Sc6	5. Le3 Sf6	6. h3 0-0	7. g4 e5	8. de: de:	9. f5 gf:!

Französische Verteidigung

1. e4 **e6** 2. d4 d5 3. Sc3 Lb4 4. e5 c5 5. a3 Lc3: + 6. bc: Dc7 7. Sf3 Se7
                                   Sf6 4. Lg5 Le7 5. e5 Sfd7 6. Le7: De7: 7. f4 0 – 0
             3. Sbd2 c5 4. Sf3 Sc6 5. ed: ed: 6. Lb5 Ld6 7. 0 – 0 Se7
                           Sf6 4. e5 Sfd7 5. Ld3 c6 6. c3 Sc6 7. Sge2 Db6
             3. e5 c5 4. c3 Sc6 5. Sf3 Db6 6. a3 c4 7. Le2 Ld7

Skandinavische Verteidigung

d5 2. ed: Sf6 3. d4 Sd5: 4. c4 Sb6 5. Sf3 g6 6. Sc3 Lg7 7. h3 0 – 0
        Dd5: 3. Sc3 Da5 4. d4 Sf6 5. Sf3 Lg4 6. h3 Lf3: 7. Df3: c6

Aljechin-Verteidigung

1. e4 **Sf6** 2. e5 Sd5 3. d4 d6 4. c4 Sb6 5. f4 de: 6. fe: **Sc6** 7. Le3 Lf5
                                              8. Sc3 e6 9. f3 Le7

Caro-Kann-Verteidigung

c6 2. d4 d5 3. Sc3 de: 4. Se4: Lf5 5. Sg3 Lg6 6. h4 h6 7. Sf3 Sbd7
                                            8. h5 Lh7
             3. e5 Lf5 4. Sge2 e6 5. Sg3 Lg6 6. h4 h6
             3. ed: cd: 4. c4 Sf6 5. Sc3 e6

III. Geschlossene Spiele

Damengambit

```
1. d4 d5  2. c4 dc:   3. Sf3 Sf6   4. e3 e6    5. Lc4: c5
                                   4. Sc3 a6    5. e4 b5

                      3. e4 e5     4. Sf3 Lb4+  5. Ld2 Ld2:  6. Sbd2: ed:
                                                             6. Sf3 Sbd7  7. Tc1

                 e6   3. Sc3 Sf6   4. Lg5 Le7   5. e3 0-0    6. Sf3 Da5
                                        Sbd7    5. e3 c6
```

Slawische Verteidigung

```
                 c6   3. Sc3 e6    4. e4 de:    5. Se4: Lb4+   6. Ld2 Dd4:
                                                7. Lb4: De4:+  8. Le2 Sa6

                      3. Sf3 Sf6   4. Sc3 dc:   5. a4 Lf5      6. Se5 e6
                                                7. f3 Lb4      8. Sc4: 0-0
```

Damenbauerspiele (Colle-System)
1. d4 d5 2. **Sf3** Sf6 3. e3 e6 4. Ld3 c5 5. c3 Sc6 6. Sbd2 Ld6 7. 0-0 0-0
                              Lf5

Damenbauerspiele (Petrosjan-Variante)
Sf6 2. **Sf3** e6 3. Lg5 c5 4. e3 Le7 4. Ld3 e6!

Damenindische Verteidigung
2. c4 e6 3. Sf3 **b6** 4. g3 Lb7 5. Lg2 Le7 6. 0-0 0-07. Sc3 Se4
                                          8. Dc2 Sc3:
        4. e3 Lb7 5. Ld3 Le7 6. Sc3 0-0 7. 0-0 d5
                         8. b3 c5 9. Lb2 Sc6

Bogoljubow-Variante
Lb4+ 4. Ld2 a5 5. g3 d6 6. Lg2 Sbd7 7. 0-0 e5
                5. Sc3 0-0 6. e3 d6 7. Dc2 Sbd7
                                8. a3 Lc3:

Katalanische Eröffnung
3. **g3** d5 4. Lg2 Le7 5. Sf3 0-0 6. 0-0 Sbd7 7. Dc2 c6
         dc: 5. Da4+ Ld7 6. Dc4: Lc6 7. Sf3 Ld5
                         8. Da4+ Dd7 9. Dd1

Nimzowitsch-Indische Verteidigung

```
1. d4 Sf6  2. c4 e6  3. Sc3 Lb4  4. a3 Lc3:+  5. bc: c5   6. e3 Sc6   7. Ld3 0-0   8. Se2 b6
                                 4. e3 d5      5. Ld3 0-0  6. Sf3 c5   7. 0-0 dc:
                                 4. Dc2 d5     5. cd: ed:  6. Lg5 h6   7. Lf6: Df6:
                                                                      8. a3 Lc3:+9. Dc3: 0-0
                                          d6   5. Sf3 Sbd7 6. Ld2 0-0  7. a3 Lc3:
                                                                      8. Lc3: De7  9. e3 e5
```

Budapester Gambit

```
e5  3. de: Sg4  4. Sf3 Lc5  5. e3 Sc6
```

Benoni-Verteidigung

```
c5  3. d5 e5  4. Sc3 d6  5. e4 Le7
       d6     4. Sc3 g6   5. e4 Lg7
                          5. g3 Lg7
```

Grünfeld-Indisch

```
g6  3. Sc3 d5  4. cd: Sd5:  5. e4 Sc3:    6. bc: Lg7   7. Lc4 0-0  8. Sge2 c5  9. 0-0 Sc6  10. Le3 cd:
               4. Sf3 Lg7   5. Db3 dc:    6. Dc4:0-0   7. e4 Sa6   8. Lg5 h6   9. Lh4 c5   10. d5 b5!
               4. g3 dc:    5. Da4+Sfd7   6. Lg2 Lg7   7. d5 0-0   8. Dc4: Sb6  9. Dh4 c6  10. dc6: Sc6:
```

Königsindische Verteidigung

1.	2.	3.	4.	5.	6.	7.	8.	9.	10.
d4 Sf6	c4 g6	Sc3 **Lg7**	e4 d6	f3 0-0	Le3 e5	d5 Sh5	Dd2 f5	0-0-0 Sbd7	
							g4 Se8	h4 f5	gf: gf:
					c5				
					Sbd7	Dd2 c5	Se2 a6	0-0-0 Da5	
				Le2 0-0	Sf3 e5	0-0 Sc6	d5 Se7		
						d5 Sbd7	Lg5 h6	Lh4 g5	
					Lg5 c5	d5 e6	Dd2 ed:	ed: Db6!	
				f4 0-0	Sf3 c5	d5 e6	Le2 ed:	ed: Te8	
		g3 d6		Lg2 0-0	Sf3 Sbd7	0-0 e5	e4 c6		
					Sc6	0-0 a6	d5 Sa5	Sfd2 c5	
					c6	0-0 Da5	d5 Db4	Sfd2 Ld7	

Reti-Eröffnung

1. Sf3 d5 2. **c4** d4 3. g3 Sc6 4. Lg2 e5 5. d3 Sf6 6. 0–0 7. Sa3 Le7
                                                    Sfd7!

          c6 3. b3 Lf5 4. g3 Sf6 5. Lg2 e6 6. Lb2 Sbd7 7. 0–0 h6 8. d3 Le7

Holländische Verteidigung

1. d4 **f5** 2. c4 e6 3. g3 Sf6 4. Lg2 Le7 5. Sf3 0–0 6. 0–0 d6 7. Sc3 De8 8. Te1 Gg6
                                                             9. e4! fe:

                           d5   7. Dc2 c6 8. Sbd2 De8
                                          9. Se5 Sbd7 10. Sd3

3. Sc3 Lb4 4. Dc2 Sf6 5. e3 0–0 6. Ld3 d6 7. Se2 c5 8. a3 Lc3:+
                                            9. Sc3: Sc6

3. Sf3 g6 4. g3 Lg7 5. Lg2 d6 6. Sc3 0–0 7. 0–0 Sc6 8. d5 Sa5
                                          9. Sfd2 c5

          Sf6

Englische Eröffnung

1. **c4** e5 2. Sc3 Sf6 3. Sf3 Sc6 4. d4 ed: 5. Sd4: Lb4 6. Lg5 h6 7. Lh4
                                                      Lc3:+

                Sf6 4. e3 Lb4 5. Le2 0–0 6. 0–0 Te8 7.

                      4. g3 d5 5. cd: Sd5: 6. Lg2 Sc3: 7. bc: e4 8. Sg1 f5
                                              9. f3 Ld6

Bird-Eröffnung

1. **f4** d5 2. Sf3 g6 3. g3 Lg7 4. Lg2 Sbd7 5. Sc3 Sf6

Froms-Gambit

        e5 2. fe: d6 3. ed: Ld6: 4. Sf3 g5 5. d4 g4 6. Se5 Le5 7. de: 8. Kd1: Sc6
                                                      Dd1:+

Empfehlenswerte Werke zur Eröffnungstheorie:

Borik, van Fondern, Mallèe, Nehmert
  Das große Buch der Schacheröffnungen 1980^2

Suetin
  Lehrbuch der Schachtheorie (Sportverlag Berlin)

Korn
  Moderne Schacheröffnungen (Schach-Archiv, Hamburg)

Einzelne Ausgaben:
Keres
  Dreispringerspiel bis Königsgambit
  Vierspringerspiel bis Spanisch
  Klassisches Spanisch bis Französisch

Boleslawski
  Sizilianisch (2 Bände)
  Königsindisch bis Grünfeld-Verteidigung

Taimanow
  Damengambit bis Holländisch
  Slawisch bis Reti-Eröffnung
  Nimzowitsch-Indisch bis Katalanisch
  (alle Sportverlag, Berlin)

Ebenfalls sind die Eröffnungswerke von Euwe (Engelhardt-Verlag) und Schwarz (Schach-Archiv) zu empfehlen.

Zeichenerklärung

±	Weiß steht besser
∓	Schwarz steht besser
⩲	Weiß steht etwas besser
⩱	Schwarz steht etwas besser
+−	Weiß hat entscheidenden Vorteil
−+	Schwarz hat entscheidenden Vorteil
=	Das Spiel ist ausgeglichen
∞	Das Spiel ist unklar
$\frac{=}{\infty}$	Weiß hat für materiellen Nachteil ausreichende Kompensation
$\frac{\infty}{=}$	Schwarz hat für materiellen Nachteil ausreichende Kompensation
!	Ein sehr guter Zug
!!	Ein ausgezeichneter Zug
?	Ein schwacher Zug
??	Ein grober Fehler
!?	Ein beachtenswerter Zug
?!	Ein Zug von zweifelhaftem Wert
N	Neuerung
△	Mit der Idee
+	Schach
#	Matt
x	Schlägt (bei ausführlicher Notation)
:	Schlägt (bei der Kurznotation hinter einem Zug)

INHALT

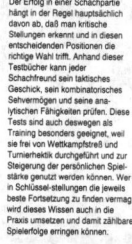

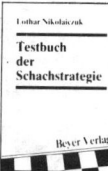